Bac Pro MCV

Métiers du commerce et de la vente

Première & Terminale

BLOC DE COMPÉTENCES

4B

OPTION B

Fatima Boutchiche
Enseignante Économie-Gestion

Audrey Foka
Enseignante Économie-Gestion

Fatima Kermaoui
Enseignante Économie-Gestion

Bahia Matti
Enseignante Économie-Gestion

Sous la direction de Laurence Bourgeoisat, IEN Économie-Gestion

Le Génie
ÉDITEUR

Crédits iconographiques :

Couverture : ©Shutterstock Prostock-studio – mirzavisoko ; p. 5 © DigitalMammoth/Shutterstock_67150751 ; p. 6a © JETACOM AUTOFOCUS/ Shutterstock_733704421 ; p. 6b © fizkes/Shutterstock_1469687885 ; p. 6c © ImageFlow/Shutterstock_1409345060 ; p. 6d © one photo/ Shutterstock_690693307 ; p. 6e © Rawpixel.com/Shutterstock_230260411 ; p. 7 © KELENY/Shutterstock_558668980 ; p. 10 © NicoElNino/ Shutterstock_569209462 ; p. 14 © metamorworks/Shutterstock_1469687885 ; p. 17 © Grzegorz_Czapski/Shutterstock_733951879 ; p. 22 © Yulai_Studio/Shutterstock_1111447133 ; p. 24 © Dmaryashin/Shutterstock_594910547 ; p. 36 © Zeeker2526/Shutterstock_505694416 ; p. 63 © Gryva/Shutterstock_1073225573 ; p. 80 © Hadrian/Shutterstock_1029549448 ; p. 81 © RGB_Designer/Shutterstock_1342472051 ; p. 87 © Jan_Engel/Shutterstock_1410497867 ; p. 89 © tynyuk/Shutterstock_515455594 ; p. 107 © artenot/Shutterstock_245016592 ; p. 110 © bsd/ Shutterstock_1407969662 ; p. 124a © Tetiana_Savaryn/Shutterstock_426014791 ; p. 124b © vallustrationstudio/Shutterstock_667894726 ; p. 136 © Iconic Bestiary/Shutterstock_487692952 ; p. 137 © turkkub/Shutterstock_682563862 ; p. 143 © NicoElNino/Shutterstock_1149225905 ; p. 144 © Alliance Images/Shutterstock_1440782183 ; p. 153a © faithie/Shutterstock_314022440 ; p. 153b © Debby_Wong/Shutterstock_426666148 ; p. 158 © Macrovector/Shutterstock_1337655161 ; p. 159 © alinabel/Shutterstock_542595964.

Malgré tous les efforts de l'éditeur, certaines demandes de droit de reproduction n'ont pas, à ce jour, reçu de réponses. Les droits de reproduction sont réservés par Le Génie Éditeur.

Maquettes (couverture et intérieure) : Le Génie Éditeur
Mise en page : Le Génie Éditeur

ISBN : 978-2-38197-403-3

SOMMAIRE

PREMIÈRE ET TERMINALE
BAC PRO MÉTIERS DU COMMERCE ET DE LA VENTE
OPTION B

BLOC DE COMPÉTENCES 4B
Prospecter et valoriser l'offre commerciale

Présentation de l'ouvrage

Cet ouvrage s'adresse aux élèves de **Première et de Terminale** Baccalauréat professionnel « Métiers du commerce et de la vente », option B (**Prospection clientèle et valorisation de l'offre commerciale**).

Grâce aux différentes activités proposées, les lycéens vont acquérir et développer des compétences professionnelles dans le domaine de **la prospection clientèle et la valorisation de l'offre commerciale** (Bloc de compétences 4B).

L'ensemble des tâches à réaliser se déroule dans des **entreprises réelles reflétant les métiers de la vente**. Elles comportent des mises en situation problématisées, des ressources, des vidéos, des exercices professionnalisants réalisables sur poste informatique.

À la fin de chaque chapitre, les élèves pourront construire une synthèse avec leur enseignant.

De nombreux outils et prolongements d'activités sont également proposés :

- un **padlet** ludique et convivial permet un accès rapide à de nombreuses ressources via des QR Codes ;
- des **quiz** pour tester ses connaissances et/ou ses acquis sont mis à disposition (version en ligne et sur le padlet) ;
- des **diaporamas, genially et autres ressources numériques** servent de supports à l'animation des séances.

BLOC DE COMPÉTENCES 4B

PROSPECTER ET VALORISER L'OFFRE COMMERCIALE

Les ressources numériques associées à ce Bloc de compétences 4B sont toutes réunies sur le PADLET suivant :

https://eqrco.de/a/wVnlwG

COMPÉTENCES
DU BLOC 4B

Compétence 4B.1

RECHERCHER ET ANALYSER DES INFORMATIONS À DES FINS D'EXPLOITATION

Compétence 4B.2

PARTICIPER À LA CONCEPTION D'UNE OPÉRATION DE PROSPECTION

Compétence 4B.3

METTRE EN ŒUVRE UNE OPÉRATION DE PROSPECTION

Compétence 4B.4

SUIVRE ET ÉVALUER L'ACTION DE PROSPECTION

Compétence 4B.5

VALORISER LES PRODUITS ET/OU LES SERVICES

01 RENAULT

COMPÉTENCE VISÉE

4B.1 Rechercher et analyser les informations à des fins d'exploitation

OBJECTIFS

- Identifier les sources d'information du SIC
- Distinguer une information interne d'une externe
- Analyser les informations internes mises à disposition

SAVOIR ASSOCIÉ

- L'information interne et externe à l'entreprise et ses sources

QUIZ 01 https://eqrco.de/a/o9MUi2

DIAPORAMA 01 https://eqrco.de/a/5PoZ5y

Identité de l'entreprise

Nom de l'enseigne :
Renault

Activité :
Vente et location de voitures

Adresse :
Avenue de l'Europe
91300 Massy

Site : www.RENAULT.fr/concessionnaire.massy.html

Nom du responsable :
M. Rivierra,
directeur commercial

Votre situation professionnelle

Vous êtes en PFMP dans une concession RENAULT à Massy-Palaiseau. Vous assistez le directeur commercial de la concession sur de nombreuses tâches en lien avec la vente des véhicules RENAULT, de la ZOÉ aux véhicules utilitaires.

Votre mission

Votre responsable, M. Rivierra, souhaite que vous réalisiez une campagne de prospection auprès des clients qui possèdent déjà un KADJAR pour leur vendre le nouveau modèle.

Activité 1 IDENTIFIER LES ENJEUX DE LA PROSPECTION

Avant de commencer à travailler sur des projets de prospection, votre responsable souhaite que vous vous familiarisiez avec la notion de prospection.

À partir de la **ressource 1** et de vos compétences :

1.1 **Préciser** ce que M. Rivierra souhaite que vous fassiez lorsqu'il vous demande de réaliser une campagne de prospection.

....

....

1.2 **Indiquer** quelles sont les personnes concernées par la prospection dans une entreprise.

....

....

1.3 **Expliquer** pourquoi il est nécessaire pour l'entreprise RENAULT de mettre en place des opérations de prospection.

....

....

....

RESSOURCE 1 **LA PROSPECTION, C'EST QUOI ?**

https://eqrco.de/a/wv0g7u

© Greg Piotto

Activité 2 IDENTIFIER, AU SEIN DU SIC (SYSTÈME D'INFORMATION COMMERCIALE), LES INFORMATIONS INTERNES UTILES À L'OPÉRATION DE PROSPECTION

Pour réaliser correctement une prospection, il faut que vous ayez des informations à votre disposition. Avant de vous faire travailler sur les documents internes de l'entreprise, votre responsable souhaite s'assurer que vous avez des connaissances sur les éléments qui composent le SIC.
Pour cela, il vous demande de lire attentivement le texte ci-dessous.

À partir de la **ressource 2** et de vos compétences :

2.1 **Préciser** le rôle du SIC.

....

2.2 **Indiquer** pourquoi le SIC est important pour une entreprise.

....

....

....

2.3 **Retrouver** quelles peuvent être les sources du SIC.

....

....

2.4 **Retrouver** les outils stockés dans le SIC. Pour cela, **compléter** le schéma ci-dessous.

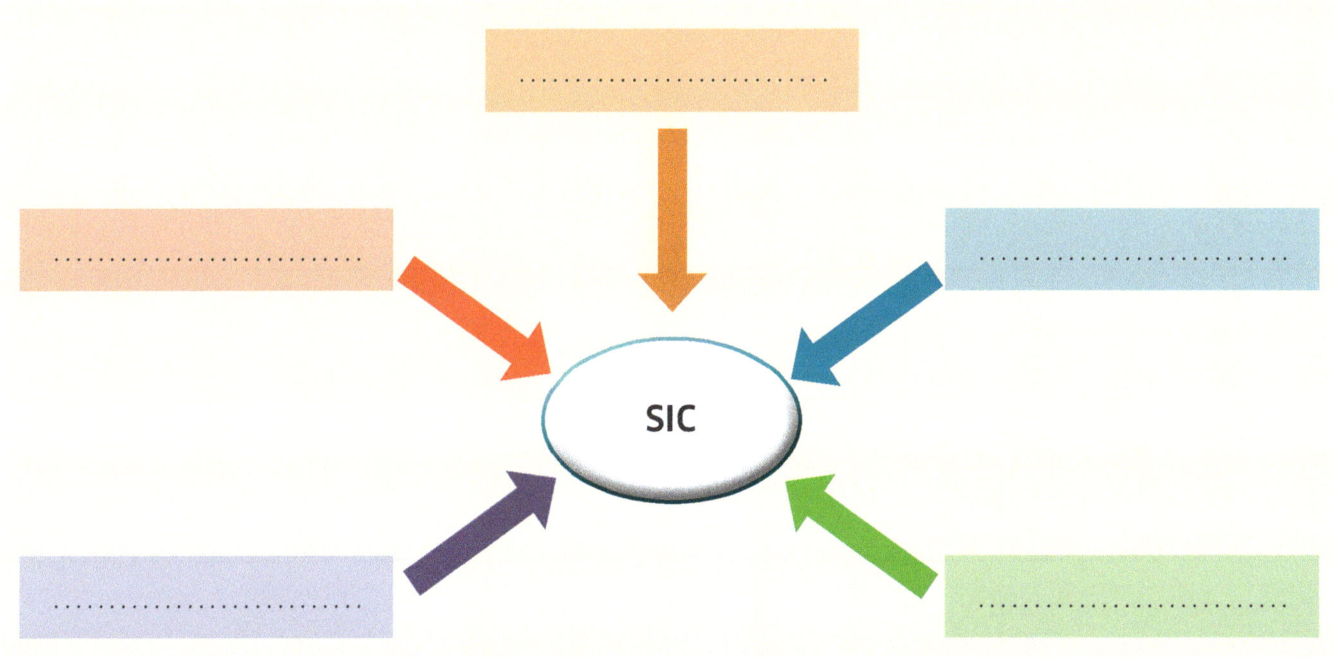

Votre responsable souhaite que vous identifiiez les différentes informations internes que vous avez à votre disposition dans l'entreprise pour réaliser votre opération de prospection. Il vous fournit une liste de documents et vous demande de l'aider en déterminant s'il s'agit d'une source interne à l'entreprise ou d'une source externe.

2.5 **Déterminer** s'il s'agit d'une information interne ou externe et **justifier** votre réponse.

Documents	Informations		Justifications
	Internes	Externes	
Informations techniques données par les fournisseurs			....
Document Insee* sur les statistiques			....
Résultats des ventes			....
Rapport de la CCI** sur le marché			....
Fichier clients			....
Fiche produit			....
Fiche client			....
Réclamations des clients			....
Achat d'un fichier clients (base de données) avec les coordonnées de personnes ayant acheté le même type de voitures			....
Sites internet spécialisés dans l'automobile			....

* *Institut national de la statistique et des études économiques.*
** *Chambre de Commerce et de l'Industrie.*

RESSOURCE 2 — QU'EST-CE QUE LE SIC ?

Pour être plus efficace, c'est-à-dire prendre les bonnes décisions au bon moment, les entreprises ont besoin de disposer d'informations de qualité (pertinente, fiable, précise et récente). De plus, cette information doit être analysée, stockée, actualisée et pouvoir être mise à disposition des différents acteurs de l'entreprise lorsque c'est nécessaire.

Pour les entreprises, l'information est donc une ressource stratégique qu'il est essentiel de maîtriser car elle contribue à la qualité des décisions prises, qu'elles soient de nature stratégiques ou opérationnelles. C'est le rôle du SIC que de collecter cette information, l'analyser et la diffuser auprès des acteurs de l'entreprise.

Le SIC – Système d'Information Commerciale – représente l'ensemble du dispositif (moyens, procédures, personnes) de collecte, d'analyse, de stockage et de diffusion de l'information commerciale au sein d'une entreprise. Il a pour but de produire un flux d'informations pertinentes issues de sources internes et externes de manière à servir la prise de décision et les actions commerciales.

Toutes les entreprises ont un SIC. Dans certains cas, il est informel et s'appuie sur des outils simples comme des fiches clients, des panneaux d'affichage, des notes internes, etc. Pour d'autres, l'informatique est utilisée pour réaliser et exploiter un fichier clients couplé avec un fichier produits dans le but d'établir un devis ou une facture, pour retrouver les coordonnées du client et garder en base de données toutes les opérations commerciales réalisées avec le client.

Ce type de fonctions est facilement accessible aux PME avec des solutions intégrées comme Ciel gestion commerciale. Les banques, la grande distribution, certaines chaînes de commerce associé ont développé un SIC bien plus performant car interconnecté avec toutes les opérations de l'entreprise et en réseau avec les autres unités commerciales et le siège : prise de commande, analyse du chiffre d'affaires, gestion des stocks et des commandes, tableaux de bord, etc.

Après avoir identifié les différents documents à votre disposition, votre responsable veut s'assurer que vous savez les différencier.

2.6 Relier chacun des documents fournis en interne à la définition qui lui correspond.

Fiches techniques	●	●	Votre responsable vous écrit qu'il va prochainement y avoir une campagne de prospection pour le nouveau KADJAR.
Fichier clients	●	●	Rapport qui répertorie et analyse les réclamations des clients.
Note interne/courriel	●	●	Document dans lequel on peut trouver les informations sur les produits que vous vendez: prix, descriptif, photo.
Fiche produit	●	●	Document qui reprend les informations attendues d'un produit comme le souhaite son fabricant.
Fiche client	●	●	Document dans lequel on renseigne les informations de contact du client: prénom, nom, email, adresse postale, téléphone.
Bilan sur les réclamations des clients	●	●	Informations sur le client: nombre d'enfants, historique des commandes.

Activité 3 EXTRAIRE ET ANALYSER LES INFORMATIONS INTERNES

Au cours de votre PFMP, vous et l'équipe des commerciaux recevez une note de M. Rivierra.

À partir de la **ressource 3** et de vos compétences :

3.1 **Relever** les différents documents internes que vous aurez en votre possession pour la prospection.

3.2 **Reporter** les documents relevés et **montrer** l'intérêt de les exploiter lors d'une opération de prospection.

Documents internes nécessaires à la prospection	Utilité des documents pour la prospection
....	....
....	....
....	....
....	....
....	....

RESSOURCE 3 — NOTE DE SERVICE DE M. RIVIERRA

Bonjour à tous,

Je viens de recevoir un email du Directeur régional qui m'annonce une nouvelle campagne de prospection pour le lancement de la nouvelle KADJAR. Cette campagne durera un mois, nous comptons sur vous pour relever ce nouveau défi.

Dans les prochains jours, vous recevrez toute la documentation interne nécessaire à la préparation de cette campagne :

- *les informations techniques données par les fournisseurs et fabricants des différents équipements de la KADJAR. Ainsi vous aurez connaissance des différences techniques et technologiques avec la première version du produit (composants électroniques, matière, pneus...);*
- *la fiche produit avec les différentes informations sur le nouveau modèle (couleurs, taille, volume du coffre...);*
- *la plaquette commerciale que vous pourrez envoyer et distribuer aux personnes intéressées;*
- *je mettrai également à votre disposition le bilan que j'ai réalisé sur les principales réclamations et objections de nos clients sur l'ancien modèle KADJAR;*
- *je vous envoie bien sûr le fichier clients sur lequel vous allez chacun travailler pour votre prospection. Il contient les informations suivantes : nom, coordonnées, produit acheté chez RENAULT, les services utilisés (assurance, entretien).*

Par la suite, vous recevrez un listing de prospects ayant acheté un modèle similaire au KADJAR à la concurrence.

Cordialement,

Ismaël Rivierra
Directeur RENAULT Massy

Afin de vous familiariser avec le nouveau KADJAR, votre responsable vous demande d'extraire les informations importantes de la fiche produit. Vous avez accès à la fiche produit du KADJAR en vous rendant sur le site officiel de RENAULT.

À partir des **ressources 4, 5** et **6** et de vos compétences :

3.3 **Retrouver** les 5 informations essentielles à retenir sur la nouvelle RENAULT KADJAR.

RESSOURCE 4 — DESCRIPTIF DU KADJAR

https://eqrco.de/a/wdlaS2

© Renault

RESSOURCE 5 — VIDÉO DU KADJAR

https://eqrco.de/a/dwgLOv

© Renault

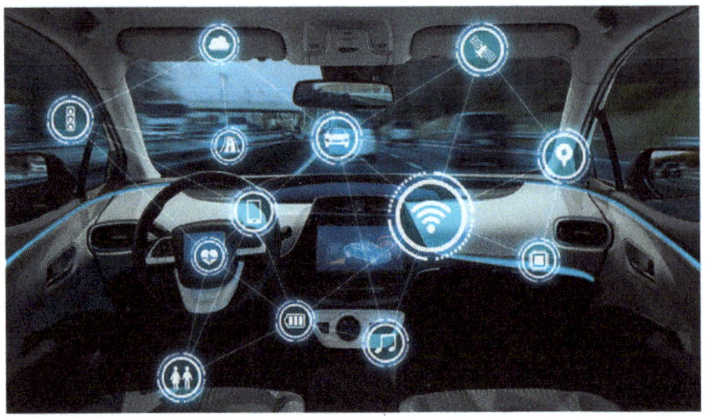

RESSOURCE 6 **BROCHURE DU KADJAR**

https://eqrco.de/a/V246Sy

© Renault

M. Rivierra met à disposition 4 fiches clients à analyser.

3.4 **Nommer** les 2 clients que vous allez appeler en priorité. **Justifier** votre réponse.

	Noms des clients	Justifications
1	....	....
2	....	....

RESSOURCE 7 FICHES CLIENTS

Fiche client

Date de mise à jour : Juin 2016

Nom : LEGRAND
Prénom : Nathalie
Sexe : Féminin
Age : 45 ans

- Situation maritale :

Marié.e	Divorcé.e	En couple	Célibataire
☒	☐	☐	☐

- Nombre d'enfants : 2 (11 ans et 9 ans)
- Situation professionnelle : Cadres dans la banque
- Dernier achat Renault : 2014 Scenic 5 places
- Historique des voitures possédées :

La famille Legrand change de voiture selon la taille de sa famille. Ils ont possédé une Clio, une Mégane puis une Scénic.

- Mode de financement :

Auto-financement

Fiche client

Date de mise à jour : Juin 2018

Nom : DIALO
Prénom : George
Sexe : Masculin
Age : 65 ans

- Situation maritale :

Marié.e	Divorcé.e	En couple	Célibataire
☒	☐	☐	☐

- Nombre d'enfants : 3 petits enfants de – 10 ans
- Situation professionnelle : Retraité cadre commercial
- Dernier achat Renault : Captur toutes options
- Historique des voitures possédées :

Change régulièrement de marque de voiture. Habitué aux grosses voitures avec son métier

- Mode de financement :

Auto-financement

Fiche client

Date de mise à jour : Septembre 2017

Nom : GARNIER
Prénom : Mélinda
Sexe : Féminin
Age : 35 ans

- Situation maritale :

Marié.e	Divorcé.e	En couple	Célibataire
☐	☐	☐	☒

- Nombre d'enfants : 2 (11 ans et 9 ans)
- Situation professionnelle : Intermittente du spectacle
- Dernier achat Renault : Zoé en leasing - 2017
- Historique des voitures possédées :

Clio 3 occasion (2010)
Citroën C2

- Mode de financement :

Auto-financement

Fiche client

Date de mise à jour : Septembre 2018

Nom : N'GUYEN
Prénom : Paul
Sexe : Masculin
Age : 45 ans

- Situation maritale :

Marié.e	Divorcé.e	En couple	Célibataire
☐	☒	☐	☐

- Nombre d'enfants : 3 (20 ans, 17 ans et 11 ans)
- Situation professionnelle : Médecin
- Dernier achat Renault : KADJAR (2016)
- Historique des voitures possédées :

C4 Picasso (Monospace 5 places)

- Mode de financement :

Auto-financement

Point d'étape

RENAULT

RENAULT

Je fais le point sur mon degré de maîtrise

Bloc de compétences Bloc 4B Prospecter la clientèle et valoriser l'offre commerciale

Compétence concernée : ....

→ Traiter les **activités** dans l'ordre.

→ Les cocher au fur et à mesure. ☑

Mes activités

- ☐ **ACTIVITÉ 1 :** Identifier les enjeux de la prospection
- ☐ **ACTIVITÉ 2 :** Identifier au sein du SIC, les informations internes utiles à l'opération de prospection
- ☐ **ACTIVITÉ 3 :** Extraire et analyser les données internes

→ Page 7

J'ACCÈDE AU DIAPORAMA

JE TESTE MES CONNAISSANCES

Mon score : ....

Travail à rendre

- ☐ Le point d'étape
- ☐ La synthèse

Je dépose cette séquence dans mon e-portfolio

☐ Oui ☐ Non

Je m'auto-évalue

Ce que j'ai réussi :

- ....
- ....

Ce que je dois encore travailler :

- ....
- ....
- ....

Ce que je retiens de la séquence

- Mots clés : ....

....

....

- Idées principales : ....

....

....

02 RENAULT

COMPÉTENCE VISÉE

4B.1 Rechercher et analyser les informations à des fins d'exploitation

OBJECTIFS

- Identifier les sources externes à l'entreprise
- Trouver les bonnes informations
- Connaître les consommateurs pour mieux les convaincre
- Faire un tri parmi les nombreuses informations
- Situer la prospection dans une stratégie commerciale

SAVOIR ASSOCIÉ

- Les études en matière de comportement du consommateur, de satisfaction clients et de concurrence

QUIZ 02 https://eqrco.de/a/GJkS2A

DIAPORAMA 02 https://eqrco.de/a/MWbfs0

Votre situation professionnelle

Vous êtes en PFMP dans une concession RENAULT à Massy-Palaiseau. Vous assistez le directeur de la concession sur de nombreuses tâches en lien avec la vente des véhicules RENAULT.

Identité de l'entreprise

Nom de l'enseigne :
Renault Massy SAM

Activité :
Vente et location de voitures

Adresse :
Avenue de l'Europe
91300 Massy

Site : www.RENAULT.fr/concessionnaire.massy.html

Nom du responsable :
M. Rivierra,
directeur commercial

Votre mission

Lors des premières journées de formation, votre tuteur vous a confié différentes missions autour de la recherche d'informations. À présent, utilisez les informations externes à votre entreprise afin de bien préparer votre prospection pour la vente du nouveau KADJAR.

Activité 1

RECHERCHER LES INFORMATIONS EXTERNES UTILES POUR L'OPÉRATION DE PROSPECTION

Avec la digitalisation de la relation client, la prospection commerciale évolue. Qu'est-ce qui a changé dans la prospection?

À partir de la **ressource 1** et de vos compétences :

1.1 **Lister** les éléments de la prospection du passé et ceux de la prospection actuelle.

Prospection AVANT	Prospection MAINTENANT
....	....
....	....
....	....
....	....
....	....
....	....

1.2 **Donner** la signification de la phrase soulignée dans la **ressource 1**.

....

RESSOURCE 1 — LA PROSPECTION B2B FIGÉE DEVIENT DYNAMIQUE

Ne commettez pas l'erreur de prospecter à l'ancienne! Les équipes de prospection B2B les plus efficaces sont en train d'abandonner les « pièges » à prospects. La digitalisation de la relation client a obligé les équipes commerciales à faire évoluer leurs techniques de prospection.

Vos prospects souhaitaient autrefois être contactés pour découvrir de nouvelles solutions à leurs besoins. Cela leur évitait d'effectuer par eux-mêmes de fastueuses recherches! Le commercial B2B était l'un des moteurs de la croissance de ses clients. Mais aujourd'hui, Internet remplit cette fonction d'information. En quelques clics, votre prospect peut découvrir votre offre et celles de vos concurrents. En effectuant ses propres recherches à moindre coût, il devient autonome dans le processus d'achat. Il vous faut donc assurer la présence en ligne de votre entreprise. Des réseaux sociaux à l'e-mailing ou au tchat, les nouvelles pratiques des prospects renversent les organisations.

De l'autre côté de l'écran, les équipes commerciales ne voient pas que des avantages à la digitalisation. Les commerciaux doivent désormais prouver à leurs prospects que leurs besoins sont pris en considération et qu'ils savent s'adapter. Le prospect ne doit plus être inconnu et il doit naître une certaine relation entre lui et le commercial. Les commerciaux doivent en savoir le plus possible sur leurs prospects afin de pouvoir anticiper les besoins et y répondre de manière adéquate. Il n'est rien de plus frustrant pour un commercial de contacter un prospect et de s'entendre dire que ses informations sont erronées.

→

RESSOURCE 1 (SUITE)

Arrêtez la cold prospection et par-dessus tout, **arrêtez d'utiliser des bases de données figées**. Elles sont votre pire ennemie ! La nouvelle habitude de travail : passez aux bases de données dynamiques. Les fichiers de prospection ne peuvent offrir que la photographie d'un marché à l'instant T. Si détaillée soit-elle, elle est appelée à devenir rapidement obsolète.

www.corporama.fr

Vous l'avez compris, les sources d'information de la prospection ont changé. Dans le chapitre précédent, vous avez vu le SIC. Ici, on parlera de l'intelligence commerciale. Quelles sont ces nouvelles sources d'information ?

À partir de la ressource 2 et de vos compétences :

1.3 **Nommer** les meilleures sources commerciales pour la réalisation d'une opération de prospection.

....

....

1.4 **Retrouver** les solutions proposées aux commerciaux.

....

....

1.5 **Lister** les différentes sources des solutions d'intelligence commerciale.

....

....

RESSOURCE 2 — L'INTELLIGENCE COMMERCIALE POUR SOURCER VOS DONNÉES DE PROSPECTION

Vous l'avez compris, les meilleures sources de données pour votre prospection B2B sont celles qui se maintiennent automatiquement à jour, qui permettent de contacter votre prospect au moment opportun, avec une approche personnalisée.

Compliqué d'après vous ? Pas avec une solution d'Intelligence Commerciale !

Ces nouvelles technologies révolutionnent le métier de commercial qui se voit doté d'informations riches et contextualisées pour identifier les leads les plus qualifiés et réduire les cycles de vente. Les solutions d'Intelligence Commerciale centralisent et structurent des millions de données issues de sources variées :

- les informations légales et financières (bases légales, annonces JAL et Bodacc, base INSEE, bilans financiers…) ;
- les sites web d'entreprises et leurs coordonnées ;
- les réseaux sociaux professionnels (LinkedIn, Viadeo, Twitter, YouTube…) ;
- les médias professionnels (presse on-line et off-line, blogs, forums…) ;
- les sites spécialisés (recrutement, appels d'offres…).

www.corporama.fr

Activité 2

TRAITER LES INFORMATIONS LIÉES AU COMPORTEMENT D'ACHAT

Votre responsable vous demande de lire attentivement le document qu'il a collecté pour vous afin que vous puissiez mieux appréhender le marché de l'automobile et en particulier des SUV (*Sport Utility Vehicule*).

2.1 **Indiquer** si le nombre de sources d'information a augmenté.

....

2.2 **Préciser** si le digital est utilisé pour l'achat d'une voiture.

....

2.3 **Retrouver** les deux sources d'information qui influencent le plus la décision finale.

....

2.4 **Expliquer** l'impact de la vidéo dans la décision d'achat.

....

....

2.5 **Indiquer** si les sites des constructeurs automobiles et des concessionnaires sont exploités par l'acheteur.

....

....

2.6 **Indiquer** si le temps du parcours d'achat (temps entre l'envie d'acheter et l'achat) est long. **Justifier** en donnant des exemples.

....

....

....

2.7 **Expliquer** la phrase : « La visite en concession et le test drive sont d'ailleurs les points de contact offlines les plus influents du parcours d'achat de véhicule neuf. »

....

....

À présent, vous avez repéré les points importants des nouveaux comportements dans l'achat automobile. Vous êtes maintenant capable de synthétiser les étapes du parcours de l'acheteur dans un schéma.

2.8 **Classer** les étapes suivantes de l'achat d'une automobile, dans l'ordre chronologique, en les reportant ci-après.

Essai du véhicule ; Visite à la concession ; Achat du véhicule ; Inspiration ; Vidéos ; Site des marques et concessions.

Les étapes de la vente d'une automobile

....	....	....	....	....	6. Achat du véhicule

À partir des étapes de la vente d'une automobile :

2.9 **Réaliser** sur une copie un schéma de synthèse, en ajoutant les termes suivants.

Recherche d'informations digitales ; Confirmation du choix ; Online ; Offline.

RESSOURCE 3 — LES FRANÇAIS ET L'ACHAT AUTOMOBILE : COMMENT CONVAINCRE À L'ÈRE DIGITALE ?

S'informer, essayer et acheter : 3 étapes que l'acheteur automobile ne fait plus comme avant. Plus omnicanal, plus rapide et fragmenté, son parcours d'achat multiplie les points de contact digitaux pour s'inspirer, affiner son choix et prendre la bonne décision en concession. Dans cette bataille de l'attention, comment émerger face à la concurrence ? Comment engager et convaincre le futur acheteur ? Réponses au travers de l'étude Automobile et Mobilité 2018, en collaboration avec TNS, sur le comportement et les attentes de l'acheteur automobile en France.

Le digital, une source d'information de plus en plus privilégiée

Acheter une voiture est un acte engageant, chargé de symboles et d'images. Pour faire le bon choix, les consommateurs se tournent vers une myriade de sources d'information : 8,3 en moyenne en 2018, contre 6,2 en 2017. Digitales pour la plupart (77 %).

De la phase d'inspiration et de choix à la recherche de la concession, le digital est omniprésent : 86 % des acheteurs de véhicule neuf ont eu recours au digital durant leur parcours d'achat. Parmi les personnes interrogées, 81 % des acheteurs de véhicule neuf de 45 ans et plus ont utilisé le digital durant leur parcours d'achat. Et le smartphone joue un rôle grandissant dans la digitalisation des parcours : 42 % des acheteurs de véhicule neuf l'ont utilisé pendant leur parcours (74 % des primo-accédants, 80 % des acheteurs premium), avec maintenant plus de 50 % des requêtes automobiles réalisées sur mobile.

Selon l'étude, moteurs de recherche et vidéos en ligne sont les 2 sources d'information qui influencent le plus la décision finale d'achat. Plus de 81 % des acheteurs de véhicule neuf et 86 % d'acheteurs de véhicule d'occasion ont utilisé un moteur de recherche pour s'informer sur leur futur achat. Pour confirmer leur choix, la vidéo est centrale : pour un achat de véhicule neuf, 62 % des acheteurs ont utilisé la vidéo durant leur parcours (dont 46 % ont plébiscité YouTube). Ce chiffre atteint même 94 % lorsqu'il s'agit de l'achat d'un véhicule premium.

Les sites des constructeurs et concessionnaires restent une étape incontournable pour bon nombre d'acheteurs : 54 % des acheteurs de véhicule neuf ont visité le site de la marque et 34 % le site du concessionnaire. Plus encore, 46 % des acheteurs de véhicule d'occasion ont visité le site du concessionnaire. D'où l'intérêt de non seulement favoriser la visibilité de ces sites *via* les moteurs de recherche, mais aussi de soigner l'expérience sur site, tant elle peut influencer la décision finale de l'acheteur. Il faut qu'ils y trouvent rapidement les informations dont ils ont besoin, et qu'ils aient l'expérience de visite la plus agréable possible. La vitesse sur site mobile est, par exemple, cruciale : au-delà de 3 secondes de chargement, plus de 53 % des visiteurs abandonnent leur visite. La moyenne des sites automobiles est largement au-delà avec un temps de chargement moyen de 14 secondes.

→

RESSOURCE 3 (SUITE)

Un parcours d'achat en quatrième vitesse où il faut susciter l'émotion à tout prix

Moins de 2 mois pour 76 % des acheteurs de véhicule neuf, contre 72 % en 2017. Moins de 2 semaines pour 32 % des acheteurs de véhicule neuf, contre 27 % en 2017. Le parcours d'achat s'accélère indéniablement d'année en année. Et les raisons sont claires : utilisation croissante du smartphone, intensification des recherches, et le nombre réduit de marques considérées.

Que ce soit pour découvrir de nouveaux modèles en phase d'inspiration, ou encore confirmer son choix, la vidéo en ligne demeure essentielle. C'est une tendance que nous observons sur YouTube avec un intérêt croissant pour les contenus automobiles : le nombre de vues automobiles sur YouTube a doublé en un an et a quadruplé depuis 2015, tandis que le nombre de vues de vidéos test drive a été multiplié par 23 depuis 2015.

La visite en concession, toujours décisive

Marque, modèle, options : l'acheteur a fait, en grande partie, le tour de la question quand il arrive en concession. Ultra-informé, souvent décidé, il y entre presque en position d'expert.

Le choix de la concession se fait en ligne pour 44 % des acheteurs de véhicule neuf, en hausse de 9 points sur un an. Le plus souvent sur le site de la marque (39 %), puis sur le moteur de recherche (31 %). En moyenne, l'acheteur y fait deux visites et essaie 1,2 véhicule pour l'achat d'un véhicule neuf. Et 2,2 visites et 1,4 essai pour un véhicule d'occasion. À noter que l'acheteur premium et l'acheteur de véhicules électrique & hybride font davantage de visites en concession, 2,4 et 2,2 respectivement, et d'essais de véhicule, 1,8 et 1,5 respectivement.

Stables depuis quelques années, ces chiffres montrent que la concession joue un rôle clé dans la prise de décision finale. **La visite en concession et le test drive sont d'ailleurs les points de contact offlines les plus influents du parcours d'achat de véhicule neuf**.

Ahmed Abbessi octobre 2018, Insights, Automobile

Activité 3 — TRAITER LES INFORMATIONS LIÉES AU MARCHÉ DES SUV

À partir de la **ressource 4** et de vos compétences :

3.1 **Analyser** le graphique et **expliquer** comment le marché des SUV a évolué.

....

....

....

....

....

....

....

RESSOURCE 4 — LA PART DE MARCHÉ DES SUV EN FRANCE

https://eqrco.de/a/mO5uJT

www.news.autojournal.fr

À partir de la **ressource 5** et de vos compétences :

3.2 **Compléter** la matrice SWOT en repérant les forces et faiblesses des SUV, puis les opportunités et menaces du marché des SUV.

MATRICE SWOT		
	Forces +	Faiblesses −
SUV	....	....
	Opportunités +	Menaces −
Marché du SUV	....	....

RESSOURCE 5 — MARCHÉ AUTOMOBILE : LA FOLIE DES SUV VA DURER

Un marché désormais envahi

Parmi les 20 voitures les plus vendues en France, 6 sont des SUV. À l'échelle mondiale, c'est encore plus flagrant : 5 voitures du top 10 des ventes sont des SUV ! Jato va même jusqu'à avancer que « les ventes mondiales de voitures n'auraient pas augmenté sans la contribution des SUV ». Ils représentent ainsi près d'une vente de voiture neuve sur trois à l'échelle de la planète, et tous les constructeurs automobiles apportent leur contribution : les low cost (Dacia Duster), les généralistes (bien trop nombreux pour les lister ici), les chics et les sportifs (Jaguar F-Pace, Alfa Romeo Stelvio, Maserati Levante, Porsche Macan et Cayman), les spécialistes du luxe (Bentley Bentayga et bientôt Rolls-Royce Cullinan).

Un concept globalisé

Pour les constructeurs, les SUV présentent un avantage de taille : ils plaisent à tous les marchés ! De l'Amérique centrale à la Russie, des États-Unis à la Chine en passant par l'Europe, ils font un carton planétaire. En d'autres termes : les constructeurs n'ont plus à s'embêter à concocter une variante tri corps pour ici, une version baroudeuse pour là-bas ou une déclinaison rallongée pour tel autre débouché. Le SUV convient à tous les besoins, tous les réseaux routiers. C'est ainsi que le 2008 est devenu la première voiture mondiale de Peugeot, fabriquée sur trois continents (Europe, Asie et Amérique du Sud). Le 3008 II va prendre le même chemin et en face, chez RENAULT, le nouveau Koleos a été conçu avec le même esprit :

→

RESSOURCE 5 *(SUITE)*

il sera commercialisé sur plusieurs continents. Et les marques auparavant spécialistes du tout-terrain n'hésitent pas à prendre le séduisant virage du SUV : c'est le cas de Jeep ou encore de Land Rover, dont le nouveau Discovery se destine bien plus aux familles et à leurs loisirs qu'aux adeptes du franchissement.

Des avantages, certes, mais...

Pour le cabinet de conseil Frost & Sullivan, même le succès des SUV citadins est rationnel. Il explique que ces modèles « combinent les caractéristiques des citadines, des compactes et des SUV compacts pour créer un nouveau segment avec un langage stylistique rafraîchi, un faible encombrement, une consommation modérée et des capacités hors route occasionnelles ».

Les SUV offrent aussi, en général, une position de conduite élevée et un sentiment de meilleure sécurité. Mais ce n'est qu'un sentiment : par exemple, la nouvelle RENAULT Mégane et le KADJAR obtiennent 5 étoiles auprès de l'organisme EuroNCAP. Les deux sont donc très sûrs. Mais si le SUV protège un tout petit peu mieux que le compacte les adultes (il obtient la note de 89 % contre 88 % pour la Mégane) et les piétons (74 % contre 71 %), il est moins sûr en cas de collision pour les enfants (81 % contre 87 %).

Côté budget, d'après les mesures réalisées par L'Auto-Journal, un KADJAR DCi 130 Energy consomme en moyenne 6,2 L/100 km (voire 6,7 pour la version avec transmission intégrale) contre 5,6 L/100 km pour la Mégane dotée du même moteur, soit une consommation supérieure de 11 %. Et en finition Zen, avec le même moteur, le KADJAR est facturé 3 730 € de plus que la Mégane, soit un surcoût de 14 %. Pour donner d'autres exemples, le constat est identique pour un 2008 BlueHDi 120 GT Line par rapport à une 208 équivalente (+ 0,1 L/100 km et 2 200 € plus cher, soit un surcoût de 9,5 %) ou un X3 x Drive 20d BVA par rapport à une Série 3 équivalente (+ 1,6 L/100 km et 4 750 € plus cher, soit un surcoût de 11 %). Même si ces SUV présentent évidemment l'avantage d'une habitabilité et d'une modularité supérieure aux berlines évoquées, la différence de coût et de consommation est rarement négligeable.

La « suvisation » a-t-elle une limite ?

La croissance du segment des SUV ne semble pas avoir atteint ses limites. D'une part parce que les constructeurs continuent à multiplier, parfois jusqu'à l'excès, les déclinaisons, d'autre part parce que la dynamique commerciale est loin de s'essouffler. D'après le spécialiste IHS, les ventes de SUV premium vont doubler d'ici 2020. L'entreprise MarketsandMarkets, spécialisée dans les études de marché, annonce que « la production mondiale de SUV devrait croître à un taux annuel supérieur à 5 % pour atteindre 30,2 millions d'unités d'ici 2020 ». Ce qui représente un tiers du niveau actuel de production de voitures dans le monde – aujourd'hui, les SUV se « contentent » de 28 % du marché mondial. Il est fort probable qu'ils atteignent plus d'un tiers à la fin de cette décennie. Seule une forte hausse du prix des carburants ou une réglementation spécifiquement contraignante à l'égard de cette carrosserie pourrait mettre un frein à l'expansion. Il suffit de se rappeler que même Lotus ou Alpine envisagent à leur tour de produire des véhicules de ce type pour prendre conscience que même les barrières psychologiques s'évanouissent, pour les industriels comme pour leurs clients...

Brice Perrin, février 2017, www.news.autojournal.fr

Activité 4 ANALYSER LA CONCURRENCE

Vous allez prendre connaissance des différentes caractéristiques des concurrents du KADJAR afin de vous démarquer.

À partir de la **ressource 6** et de vos compétences :

4.1 **Indiquer** les points forts de chaque modèle de SUV.

Modèles	Points forts
....	....
....	....
....	....
....	....
....	....
....	....
....	....

À partir de vos nouvelles connaissances sur le KADJAR, vous allez maintenant analyser le positionnement du KADJAR par rapport à la concurrence.

4.2 Retrouver les qualités du KADJAR qui le distinguent de ses concurrents.

RESSOURCE 6 — TOP 7, QUEL SUV CHOISIR EN 2019 ?

Je prends des notes pour chaque produit

Modèles	Descriptions
Peugeot 3008/5008 	Leader des ventes du segment, le **Peugeot 3008** a su conquérir le public français grâce à un design affirmé, un intérieur moderne et soigné, et des prestations correspondant en tout point aux attentes des automobilistes français. Un vrai exploit pour la marque au lion, qui a su se placer à sa sortie son SUV aux tarifs qui tutoient le premium à la troisième marche du podium, juste derrière deux citadines. Pour les familles qui auraient besoin d'un peu plus de place et/ou de 7 places, il existe le **5008** qui est en quelque sorte la version longue du 3008.
Toyota C-HR 	Autre SUV ayant réussi le pari d'un design osé: le **Toyota C-HR** a considérablement redynamisé les ventes de Toyota sur le marché français. Il est proposé avec une motorisation essence turbo en versions **traction deux roues motrices et 4x4**, mais celles-ci ne représentent que 10 % de ses ventes. Son secret, c'est le système de sa **version Hybride** à l'efficacité déjà démontrée par son constructeur depuis des années sur les Prius et Auris. Avec des prix du carburant en hausse, des malus sur les émissions et des régulations européennes de plus en plus strictes, le C-HR parvient à rendre le SUV beaucoup plus « raisonnable », et c'est là son meilleur atout.
Dacia Duster 	Raisonnable également, mais d'une autre manière, le **Dacia Duster** est lui aussi un habitué des tops des ventes. Le **SUV low cost** du groupe Renault parvient de son côté à s'imposer grâce à des **tarifs très agressifs** en dépit desquels il garantit de très bonnes prestations. Son niveau de confort n'a que peu à envier à la concurrence, et fait facilement oublier le fait que l'on se trouve à bord de l'**un des SUV les moins chers du marché**. Il peut même être configuré avec une **transmission intégrale** efficace, qui le rend très populaire comme véhicule de travail ou de loisir.
Renault Kadjar 	Juste derrière le Duster au classement des ventes de SUV en France, le **Renault Kadjar** partage la plateforme du populaire Nissan Qashqai. À l'intérieur, il présente un habitacle typique de l'actuelle gamme de la marque au losange, avec des sièges épais et enveloppants, ainsi que la possibilité d'avoir un large écran tactile au centre du tableau de bord. Spacieux, confortable et modulable, il arrive à s'imposer comme un véhicule de choix dans l'offre toujours plus vaste de SUV familiaux. À noter que Renault propose aussi le Koleos, basé sur le Nissan X-Trail, offrant encore davantage d'espace ainsi qu'une configuration de 7 places.
Citroën C5 Aircross 	Rival direct du Kadjar, le **C5 Aircross** emprunte en partie la base technique de son cousin le 3008, et le nom de l'ancienne berline routière de la marque. Ainsi, ses intentions sont claires: devenir le nouveau véhicule familial de la gamme Citroën, ciblant des automobilistes principalement à la recherche de confort. Pour ce faire, il mise sur l'arrivée de nouvelles technologies d'aide à la conduite, permettant d'atteindre une autonomie de niveau 2, ainsi que le programme Citroën Advanced Comfort qui comprend des sièges larges, un habitacle à l'ergonomie travaillée, et surtout l'une des dernières innovations de la marque: les suspensions à butée hydraulique progressive.
Opel Grandland X 	Profitant de son entrée dans le groupe PSA, Opel s'est servi de la base du 3008 pour proposer le **Granland X**, avec une vision du design et du confort à l'allemande: **sobre mais efficace**. D'extérieur comme de l'intérieur, il plaira notamment à ceux qui trouvent le design du 3008 et du C5 Aircross trop extravagant. Une conception moins fantasque donc, qui a aussi pour résultat de garder les **prix plus accessibles**, pour un véhicule pourtant relativement équivalent, le châssis, les moteurs et boîtes de vitesses étant partagés par ces 3 véhicules.
Mercedes-Benz GLC 	S'il s'agit également d'un SUV allemand, le **Mercedes GLC** verse, lui, carrément dans le **premium**. Il a entre autres réussi à se démarquer par le biais d'une version **hybride rechargeable**, laquelle permet d'être **exonéré de malus écologique.** Cela le rend particulièrement intéressant vis-à-vis de ses concurrents placés sur le haut de gamme, à tel point qu'il a été en 2018 l'hybride rechargeable le plus vendu en France. Mais le GLC a aussi d'autres arguments à faire valoir, comme un **grand confort** au niveau des productions habituelles de Mercedes, une bonne habitabilité, et la particularité de proposer, en plus de la version classique, le GLC Coupé qui adopte une carrosserie à la ligne plus élégante, non sans rappeler les berlines de la marque.

www.caroom.fr

Activité 5 — MENER UNE ANALYSE QUANTITATIVE ET QUALITATIVE DES AVIS DES CONSOMMATEURS

Afin de compléter votre analyse des sources externes d'information, M. Rivierra vous demande de traiter puis d'analyser 4 avis d'acheteurs d'un KADJAR (2 avis négatifs et 2 avis positifs).

Vous effectuerez dans un premier temps l'analyse quantitative (**ressource 7**) puis l'analyse qualitative (**ressources 8** et **9**). À partir de tous ces éléments, vous réaliserez un diagnostic du KADJAR.

5.1 **Sélectionner** par ordre décroissant les critères qui ont le plus d'avis positifs et ceux qui ont le plus d'avis négatifs.

Avis négatifs	Avis positifs
Ex. : Finitions/qualité des plastiques (27)	*Ex. : Confort global (109 avis)*
....	....
....	....
....	....
....	....
....	....

RESSOURCE 7 — SYNTHÈSE DE 298 AVIS, ANALYSE QUANTITATIVE

Synthèse des 298 avis	
Qualités et **défauts** Kadjar signalés par les internautes via les 298 avis postés: Parmi les essais de la Renault Kadjar effectués par les internautes, certains mots-clés qui ressortent permettent de faire une synthèse sur certains aspects que vous avez appréciés ou non. Pour plus de détails, veuillez consulter les avis de la Kadjar.	
✔ **Comportement routier**: **33** aiment **2** n'aiment pas	✘ **Modularité**: **3** aiment
✘ **Capacités 4x4**: **2** n'aiment pas	✔ **Habitabilité**: **9** aiment **4** n'aiment pas
✔ **Roulis**: **2** aiment **2** n'aiment pas	✔ **Position de conduite**: **8** aiment
✔ **Précision direction**: **1** aime	✔ **Hauteur de toit**: **1** aime
✔ **Consistance direction**: **2** aiment	✘ **Rétrovision**: **4** n'aiment pas
✘ **Freinage**: **6** aiment **7** n'aiment pas	✘ **Visibilité avant**: **2** n'aiment pas
✔ **Rayon de braquage**: **1** aime	✔ **Volume de coffre**: **14** aiment **13** n'aiment pas
✔ **Agrément**: **32** aiment **6** n'aiment pas	✘ **Volume du réservoir**: **1** n'aime pas
✘ **Poids**: **3** n'aiment pas	✘ **Nombre de rangements**: **1** aime **10** n'aiment pas
✔ **Confort global**: **116** aiment **13** n'aiment pas	✔ **Roue de secours**: **1** aime **1** n'aime pas
✔ **Confort des sièges**: **13** aiment **5** n'aiment pas	✘ **Capacité de tractage**: **1** n'aime pas
✔ **Confort banquette arrière**: **1** aime **1** n'aime pas	✔ **Consommation**: **36** aiment **25** n'aiment pas

→

RESSOURCE 7 *(SUITE)*

Synthèse des 298 avis	
✔ **Insonorisation et bruit perçu**: **57** aiment **16** n'aiment pas	✘ **Boîte de vitesses (agrément, longueur des rapports)**: **2** aiment **12** n'aiment pas
✘ **Bruit roulement/pneu**: **8** n'aiment pas	✔ **Rapport qualité/prix**: **2** aiment **1** n'aime pas
✘ **Bruit d'air**: **1** aime **12** n'aiment pas	✔ **Style**: **36** aiment **4** n'aiment pas
✘ **Bruits parasites**: **2** aiment **7** n'aiment pas	✘ **Résistance peinture**: **1** n'aime pas
✘ **Finition/qualité des plastiques**: **16** aiment **28** n'aiment pas	✔ **Équipement**: **26** aiment **14** n'aiment pas
✘ **Vieillissement des plastiques**: **1** aime **2** n'aiment pas	✘ **Poids**: **1** aime **3** n'aiment pas
✘ **Sensibilité plastique**: **4** n'aiment pas	✘ **Éclairage**: **7** aiment **16** n'aiment pas
✘ **Qualité des assemblages**: **4** n'aiment pas	✘ **Fiabilité**: **7** aiment **16** n'aiment pas
✔ **Luminosité**: **2** aiment	✘ **Service après-vente**: **11** n'aiment pas
✘ **Qualité son/autoradio**: **3** aiment **5** n'aiment pas	✔ **Entretien (coût)**: **1** aime **1** n'aime pas
	✘ **Accessibilité moteur**: **1** n'aime pas

www.fiches-auto.fr

5.2 **Retrouver** les points négatifs et positifs des avis et **compléter** le tableau.

Points négatifs	
Avis 1	....
Avis 2	....
Points positifs	
Avis 3	....
Avis 4	....

5.3 **Préciser** en quoi il est important de connaître l'avis des clients sur les produits que vous vendez.

....

....

....

RESSOURCE 8 — AVIS NÉGATIFS DES CONSOMMATEURS

AVIS RENAULT KADJAR 1.2 TCE 130 CH 14000 KM, JUIN 2016

2/20

Posté le: ***2017-02-27 18:18:12***

Utilisation du véhicule: **50 % ville - 50 % route**

Qualités: bon moteur

Défauts: R-LINK 2

Consommation moyenne: _

Problèmes rencontrés: électronique (R link 2). J'ai un Kadjar de juin 2016 et je n'ai que des soucis depuis le début avec le R-link 2. Après de multiples retours en concessions, de mises à jour aléatoires, Renault m'a changé début février le R-link 2 et le calculateur. Les soucis continuent et de nouveaux sont apparus.

J'aimerais évoquer avec vous ces soucis à l'antenne. La help line R-link est incapable de résoudre le souci rencontré, le concessionnaire fait de son mieux mais est dépassé. Le service client est inexistant. Bref, comme le dit Renault, la satisfaction du client est notre priorité. Je crois rêver!

Si vous pouviez me contacter j'évoquerais avec vous tous les soucis rencontrés à l'antenne:

- remontées de contact qui ne se fait pas correctement;
- message « no maps coverage » de manière aléatoire;
- impossibilité d'accéder au R-link store;
- impossibilité de faire des mises à jour;
- impossibilité de télécharger la mise à jour des cartes;
- impossibilité de télécharger les applications;
- en radio le son qui monte et qui descend de manière aléatoire et même à l'arrêt;
- la radio qui se met à hurler quand le téléphone sonne;
- mauvais rappel au tableau de bord de l'appel du R-link;
- la radio qui se lance au démarrage mais sans le son, un arrêt complet est nécessaire pour le retrouver.

La help line est dépassée et ne sait plus quoi faire. Impressionnant une telle incompétence!!!

Note: 2/20

www.fiches-auto.fr

RESSOURCE 8 (SUITE)

AVIS RENAULT KADJAR 1.6 DCI 130 CH 21000 KM BOÎTE MANUELLE ÉDITION BOSE PH1

5/20

Posté le: ***2018-10-31 16:07:16***

Utilisation du véhicule: **50 % ville - 50 % route**

Qualités: le look, sentiment de sécurité à l'intérieur

Consommation moyenne: 7 litres/100 km

Défauts: bruit dans l'habitacle insupportable (insonorisation), buée des phares à LED, capteur de commande feux auto fantaisiste sono BOSE son lamentable, siège conducteur qui fait du bruit, sur certaine déformation de la route bruit de ferraille qui se touche... Lamentable, ce sera ma dernière Renault et plus de voiture soi-disant française, vous essayez les voitures avant de les mettre en série très déçu

Problèmes rencontrés: capteur feux auto remplacement de toutes les optiques LED sous garantie avant deux ans s'il faut changer tous les deux ans les feux ça revient cher.

Note: 5/20

Prix assurance: 420 euros/an (Assureur: NC) (type de contrat: NC) (Bonus/Malus: + 50)

Fait plus de bruit qu'un carrosse du Moyen Âge...!

www.fiches-auto.fr

RESSOURCE 9 AVIS POSITIFS DES CONSOMMATEURS

AVIS RENAULT KADJAR 1.2 TCE 130 CH BOITE MANUELLE 6 VITESSES, 3000 KM, MAI 2017, JANTES 19", BLACK EDITION, TOIT PANORAMIQUE

17/20

Posté le: ***2019-01-14 15:59:53***

Utilisation du véhicule: **1/3 ville - 2/3 route**

Qualités: Confortable, bien finie, belle ligne, bonne tenue de route, silencieuse, son BOSE de qualité

Défauts: forte consommation même sur autoroute, amortisseur un peu sec

Consommation moyenne: 8,5 litres/100 km sur autoroute (à 130 km/h au régulateur!)

Problèmes rencontrés: Aucun

Note: 17/20

Fermeture des portes: système main libre pour fermeture des portes à l'éloignement du véhicule + ouverture par appui du bouton sur les poignées avant ou le coffre (identique au C4 Picasso ou au Scénic)
Détection obstacles sur le pourtour de la caisse efficace, en plus de la caméra de recul
Rétroviseurs rabattables automatiquement à la fermeture du véhicule
Rétroviseur intérieur automatique jour/nuit (électrochrome)
Basculement feu de croisement et feu route automatique: feu full LED
Sièges chauffants à l'avant: réglage siège électrique pour conducteur
Alerte franchissement ligne
Note: (janvier 2019) après 1,5 ans d'utilisation et 21 000 km parcourus, aucun problème constaté et toujours aussi agréable et confortable à conduire. La consommation reste aux alentours de 8 L/100 km sur autoroute (encore plus en ville et autour de 7,4 L sur route à vitesse < 110 km).

www.fiches-auto.fr

RESSOURCE 9 *(SUITE)*

AVIS RENAULT KADJAR 1.2 TCE 130 CH BOÎTE DE VITESSES AUTOMATIQUE EDC, 3 500 KM, 19 POUCES, FINITION INTENS/BOSE

16/20

*Posté le: **2017-08-25 11:06:21***

Utilisation du véhicule: **1/3 ville - 2/3 route**

Qualités: moteur silencieux et assez performant, voiture confortable (en dehors des sentiers) et bons volumes intérieurs, aides à la conduite agréables, design extérieur qui plaît beaucoup.

Défauts: R-link-2 très moyen et GPS largement perfectible

Consommation moyenne: 7,5 litres/100 km

Note: 16/20

Problèmes rencontrés: utilisation du trafic/GPS pour rechercher des itinéraires alternatifs absurde.

Attiré par son look sympathique j'ai été refroidi par certaines critiques très négatives ici et sur d'autres sites web avant de l'acheter. J'ai donc testé à plusieurs reprises le véhicule en concession et je n'ai pas du tout retrouvé les défauts qu'on lui prêtait dans les critiques. Je suis donc passé à l'achat début 2017 (via un mandataire avec un rabais de 30 % sur un véhicule neuf). Plusieurs manques/défauts présents sur les premiers modèles produits ont été (fort heureusement) corrigés: condamnation automatique et rabattage des rétroviseurs à distance, problème des suspensions/tir à droite résolu, aucun souci avec l'enrouleur de ceinture...

Après 3 500 km je suis très satisfait de cette voiture (mon épouse également). Le silence du moteur est très agréable (on entend très très légèrement siffler le turbo) et ses performances sont très honnêtes (aucun problème de reprise/dynamisme cet été avec 4 passagers et un coffre rempli de bagages). Je ne suis pas adepte de la conduite sportive mais j'aime avoir un véhicule réactif et dynamique et c'est le cas. La consommation est correcte compte tenu du poids élevé de la voiture. 7,5 en moyenne sur mes 2 000 derniers kilomètres (1/3 ville, 1/3 autoroute et 1/3 nationales). C'est beaucoup plus que ce que Renault annonce mais tous les constructeurs mentent largement et le Kadjar est plutôt dans les meilleurs élèves sur ce point. Le confort est très bon malgré la monte en 19 pouces, en ville ou sur route/autoroute. Sur petites routes en mauvais état et sentiers en revanche c'est un peu limite sur ce point mais je suis peu concerné dans ma région (dans ce cas mieux vaut la monte 17 pouces). La boîte automatique EDC est un vrai régal. Très bonne tenue de route et aucun roulis constaté. La finition interne (modèle Intens/Bose) me semble plutôt bonne pour une Renault (tout est relatif...), on verra sur la durée... Les aides de conduite sont assez agréables et bienvenues (détection de sortie de route, détection d'angles morts, passage automatique des feux de route, détections des obstacles tout autour du véhicule pour le parking, parking automatique, etc.).

Seul point négatif, le R-link-2 avec une ergonomie assez mal pensée et un GPS pas très performant (gestion du trafic pathétique). Les nouveaux modèles depuis avril 2017 sont compatibles Apple CarPlay/ Androïde Auto, c'est sûrement bien mieux mais je n'ai pas cette option malheureusement. Le R-link-2 reste indispensable pour bénéficier de toutes les aides de conduite.
Donc globalement je recommande ce véhicule.

www.fiches-auto.fr

Point d'étape

Je fais le point sur mon degré de maîtrise

RENAULT

RENAULT

Bloc de compétences Bloc 4B Prospecter la clientèle et valoriser l'offre commerciale

Compétence concernée : ....

→ Traiter les **activités** dans l'ordre.

→ Les cocher au fur et à mesure. ☑

Mes activités

- ❑ **ACTIVITÉ 1 :** Rechercher les informations externes utiles à la prospection
- ❑ **ACTIVITÉ 2 :** Traiter des informations liées au comportement d'achat
- ❑ **ACTIVITÉ 3 :** Traiter des informations liées au marché des SUV
- ❑ **ACTIVITÉ 4 :** Analyser la concurrence
- ❑ **ACTIVITÉ 5 :** Mener une analyse des avis des consommateurs

→ Page 17

J'ACCÈDE AU DIAPORAMA

JE TESTE MES CONNAISSANCES

Mon score : ....

Travail à rendre

❑ Le point d'étape

❑ La synthèse

Je dépose cette séquence dans mon e-portfolio

❑ Oui ❑ Non

Je m'auto-évalue

Ce que j'ai réussi :

- ....
- ....

Ce que je dois encore travailler :

- ....
- ....
- ....

Ce que je retiens de la séquence

- Mots clés : ....

....

....

- Idées principales : ....

....

....

03 CENTURY 21

COMPÉTENCE VISÉE

4B.1 Rechercher et analyser les informations à des fins d'exploitation

OBJECTIFS

- Découvrir le RGPD
- Veiller à la bonne utilisation des données personnelles
- Mettre à jour le SIC

SAVOIRS ASSOCIÉS

- Le SIC et ses aspects juridiques
- Les outils de recherche d'information

QUIZ 03

https://eqrco.de/a/AXQM0s

DIAPORAMA 03

https://eqrco.de/a/8HIcp1

Identité de l'entreprise

Nom de l'enseigne :
CENTURY 21 Olympierre

Activité :
Achat/vente, location et gestion de biens immobiliers

Adresse :
27, rue des Boulangers
75005 Paris

Site :
www.century21olympierre.com

Nom du responsable :
Mme Balzac,
directrice de l'agence

Votre situation professionnelle

Vous venez d'être embauché(e) dans l'agence CENTURY 21 d'Olympierre en tant qu'agent immobilier. Les spécialités immobilières de l'agence sont : achat et vente de biens, syndic, gestion locative.

Votre mission

Votre agence possède un système d'information qui regroupe toutes les données sur les clients, le marché et la concurrence.

Votre responsable souhaite que vous mettiez à jour un certain nombre de données.

Activité 1

ÉTUDIER LA LÉGISLATION AUTOUR DE LA PROTECTION DES DONNÉES

Avant de vous faire travailler sur la mise à jour des données, votre responsable tient à s'assurer que vous avez conscience que les données personnelles des clients sont protégées. Il met à votre disposition un document de la CNIL.

1.1 **Indiquer** ce que signifie l'acronyme « RGPD ».

....

1.2 **Identifier** le rôle du RGPD.

....

....

RESSOURCE 1 — QU'EST-CE QUE LE RGPD ?

L'acronyme RGPD signifie « Règlement Général sur la Protection des Données » (en anglais « *General Data Protection Regulation* » ou GDPR). Le RGPD encadre le traitement des données personnelles sur le territoire de l'Union Européenne.

Le contexte juridique s'adapte pour suivre les évolutions des technologies et de nos sociétés (usages accrus du numérique, développement du commerce en ligne…). Ce nouveau règlement européen s'inscrit dans la continuité de la loi française Informatique et Libertés de 1978 et renforce le contrôle par les citoyens de l'utilisation qui peut être faite des données les concernant. Il harmonise les règles en Europe en offrant un cadre juridique unique aux professionnels. Il permet de développer leurs activités numériques au sein de l'UE en se fondant sur la confiance des utilisateurs.

www.cnil.fr

RESSOURCE 2 — QU'EST-CE QUE LE RGPD ?

À quoi correspondent les données à caractère personnel ? Ce sont toutes les informations se rapportant à une personne physique identifiée ou identifiable.

Exemples :

- nom, prénom ;
- adresse personnelle ;
- adresse de courriel telle que prénom.nom@entreprise.com ;
- numéro de carte d'identité ;
- adresse de protocole internet (IP) ;
- cookie[1] ;
- données détenues par un hôpital ou un médecin, qui permettraient d'identifier de manière unique une personne.

www.cnil.fr

1. Les cookies sont des traceurs de navigation qui permettent d'analyser la navigation, les déplacement et les habitudes de consultation et de consommation.

1.3 **Indiquer** si les coordonnées d'une entreprise constituent des données personnelles. **Justifier** la réponse.

....

....

1.4 **Déterminer** s'il est possible de constituer une base de données sans avoir un objectif précis. **Justifier** la réponse.

....

....

1.5 **Préciser** si un traitement des données personnelles concerne uniquement un fichier informatisé. **Justifier** la réponse.

....

....

RESSOURCE 3 — QU'EST-CE QU'UN TRAITEMENT DE DONNÉES PERSONNELLES ?

Cette notion est également très large.

Un « traitement de données personnelles » est une opération, ou ensemble d'opérations, portant sur des données personnelles, quel que soit le procédé utilisé (collecte, enregistrement, organisation, conservation, adaptation, modification, extraction, consultation, utilisation, communication par transmission diffusion ou toute autre forme de mise à disposition, rapprochement).

Exemple : tenue d'un fichier de ses clients, collecte de coordonnées de prospects via un questionnaire, mise à jour d'un fichier de fournisseurs, etc.

Par contre, un fichier ne contenant que des coordonnées d'entreprises (par exemple, entreprise « Compagnie A » avec son adresse postale, le numéro de téléphone de son standard et un e-mail de contact générique « compagnieA@email.fr ») n'est pas un traitement de données personnelles.

Un traitement de données personnelles n'est **pas nécessairement informatisé** : les fichiers papier sont également concernés et doivent être protégés dans les mêmes conditions.

Un traitement de données doit avoir **un objectif**, une finalité, c'est-à-dire que vous ne pouvez pas collecter ou traiter des données personnelles simplement au cas où cela vous serait utile un jour. À chaque traitement de données doit être assigné un but, qui doit bien évidemment être légal et légitime au regard de votre activité professionnelle.

Exemple : vous collectez sur vos clients de nombreuses informations, lorsque vous effectuez une livraison, éditez une facture ou, proposez une carte de fidélité. Toutes ces opérations sur ces données constituent votre traitement de données personnelles ayant pour objectif la gestion de votre clientèle.

www.cnil.fr

1.6 **Indiquer** pour quelles raisons commerciales il faut toujours utiliser les données personnelles avec précaution.

....

....

1.7 **Préciser** s'il est possible d'utiliser des données personnelles sans l'autorisation des clients.

....

RESSOURCE 4 — CONSEILS POUR LA PROSPECTION DE NOUVEAUX CLIENTS

https://eqrco.de/a/BwyA84

www.cnil.fr

Mme Balzac vous explique que, dans le tableau de la **ressource 5**, figurent en colonne de gauche les objectifs pour lesquels CENTURY 21 utilise les données personnelles et dans la colonne de droite à quelle base juridique cela correspond.

À partir de la **ressource 5** et de vos compétences :

1.8 **Indiquer** à quelle base juridique correspond le fait d'envoyer une enquête à des clients et le fait d'utiliser leurs données pour leur envoyer la newsletter de l'agence.

Dans la **ressource 5**, il est indiqué que les destinataires des données sont:

- les agences immobilières indépendantes du réseau CENTURY 21 ;
- les partenaires commerciaux et notamment des régies marketing et publicitaire.

1.9 **Retrouver** ce que font les partenaires commerciaux avec les données personnelles des clients.

Mme Balzac souhaite envoyer un questionnaire à sa base de clients pour connaître leurs futurs projets immobiliers et mettre à jour leurs données personnelles afin de leur envoyer des biens au plus près de leurs besoins (nombre d'enfants, changement de vie professionnelle...). Elle vous montre un extrait de la politique de gestion des données personnelles de CENTURY 21.

RESSOURCE 5

EXTRAIT DE LA POLITIQUE DE GESTION DES DONNÉES PERSONNELLES DE CENTURY 21

2. COMMENT UTILISONS-NOUS VOS DONNEES PERSONNELLES ?

Lorsque les clients utilisent ou interagissent avec Century 21 France, nous utilisons différentes technologies pour traiter les données personnelles que nous recueillons pour diverses raisons. Nous avons indiqué dans le tableau ci-dessous les raisons pour lesquelles nous traitons les données personnelles et les normes juridiques associées sur lesquelles nous nous basons pour traiter légalement les données personnelles :

Description de la raison pour laquelle CENTURY 21 traite vos données personnelles (« objectif du traitement »)	Base juridique de l'objectif du traitement
- Mise à disposition sur les sites internet CENTURY 21 d'un compte client	- Intérêt légitime de CENTURY 21 pour vous authentifier et délivrer les informations appropriées
- Gestion de la relation client (téléphone / tchat / email) et des réclamations clients	- Exécution du contrat passé entre un Client et CENTURY 21 - Intérêt légitime de CENTURY 21
- Gestion de la satisfaction client	- Intérêt légitime de CENTURY 21 afin d'améliorer ses services
- Opérations de statistiques, d'analyse, de sélection et de segmentation des clients afin d'améliorer la connaissance des clients	- Intérêt légitime de CENTURY 21
- Envoi de newsletters et d'alertes email à la demande de l'internaute	- Consentement du Client - Intérêt légitime
- Mesure de fréquentation des sites et applications mobiles	- Consentement du Client - Intérêt légitime de CENTURY 21
- Mise à disposition d'outils de partage sur les réseaux sociaux	- Consentement du Client
- Mise en place de jeux concours et publicitaires	- Intérêt légitime de CENTURY 21
- Partage d'informations avec les agences CENTURY 21 pour leur permettre de recontacter le client qui a demandé a être rappelé	- Intérêt légitime de CENTURY 21 - Consentement du Client

Pour les traitements nécessitant le recueil du consentement, la personne concernée a la faculté de retirer son consentement en effectuant une demande comme indiqué à l'article « Quels sont les droits de nos clients sur les données ?

3. A QUI LES DONNEES SONT ELLES TRANSMISES ?

Les données sont transmises à des partenaires de Century 21 France qui peuvent traiter les données pour leur compte (ce sont des destinataires) ou uniquement pour le compte et selon les instructions de Century 21 France (ce sont des sous-traitants).

Les destinataires des données sont :
- Les Agences immobilières indépendantes du réseau CENTURY 21
- Les partenaires commerciaux et notamment des régies marketing et publicitaires.

Century 21 France utilise des sous-traitants pour les opérations suivantes :
- La gestion du tchat (Facebook Messenger)
- L'hébergement des données et du site
- Les opérations de développement et de maintenance technique du site internet et des applicatifs internes.
- L'administration de l'infrastructure informatique interne
- Le recueil de la satisfaction client
- L'expédition des emails et sms de prospection commercialie

https://eqrco.de/a/vGdeYG

www.century21.fr

Activité 2 — METTRE À JOUR LE FICHIER CLIENTS DE VOTRE AGENCE

Votre responsable vous transmet le document papier de l'enquête qu'elle a envoyée.

2.1 **Proposer** des questions qui pourrait rendre le questionnaire plus attractif et montrer l'intérêt de poser ces questions. **Justifier** vos propositions.

Questions supplémentaires	Justifications
....	....
....	....
....	....
....	....

RESSOURCE 6 MAQUETTE DU QUESTIONNAIRE ENVOYÉE AUX CLIENTS DE L'AGENCE

Afin d'améliorer nos services, merci de bien vouloir répondre à ce questionnaire qui vous prendra très peu de temps.

Nom :
Prénom :
Adresse :
@ :

Situation matriarcale :
Marié.e – Divorcé.e – En couple - Célibataire

Nombre d'enfants vivant à votre domicile :
1 – 2 – 3 – 4 – 5 – 6 – 7 - 8

Type de bien :
Appartement – maison

Nombre de pièces :
1 – 2 – 3 – 4 – 5 – 6 – 7 – 8

Nombre de chambres :
1 – 2 – 3 – 4 – 5 – 6 – 7 - 8

Est-ce que vous possédez-vous ? :
Jardin – Balcon - Terrasse

Souhaitez-vous prochainement changer de lieu d'habitation ?
OUI – NON

Si oui,

Dans quelle ville ? :

Type de bien :
Appartement – maison

Nombre de pièces :
1 – 2 – 3 – 4 – 5 – 6 – 7 – 8

Nombre de chambres :
1 – 2 – 3 – 4 – 5 – 6 – 7 - 8

Merci de votre participation !

- ☐ J'autorise CENTURY 21 à m'envoyer leur newsletter
- ☐ J'autorise CENTURY 21 à m'envoyer des offres commerciales
- ☐ J'autorise CENTURY 21 à communiquer mes données personnelles auprès de ses partenaires commerciaux

www.century21.fr

À l'aide des résultats de l'enquête (**ressource 7**) et de vos compétences :

2.2 **Mettre** à jour votre ancien fichier.

Ancien fichier clients à mettre à jour

Nom	Prénom	Numéro	Rue	Code postal	Ville		Enfants		Chambres	Projet immobilier	Newsletter	Offres commerciales	Partenaires commerciaux
BREZISKY	Natalia	8	Rue Michelet	75006	Paris	nbrezisky@gmail.com			2				
COHEN	David	9	Rue Thouin	75005	Paris	david.cohen@hotmail.fr	2		3				
DE CASTELLAN				75005	Paris	de-castellan.sonia@gmail.com	3		2	x		x	
DIOP	Ibrahim	100	Boulevard de Raspail	75006	Paris	i.diop@laposte.fr			2		x		
DURAND	Marie	1	Rue d'Ulm	75005	Paris	marie.durand@orange.fr	3		3	X			
LACROIX		14	Quai Turnelle	75005	Paris		2		3				
LANDI	Leonardo			75005	Paris	leonardo-landi@gmail.com	2		3				
LEGENDRE	Paul	45	rue d'Assas	75006	Paris		2		2	x	x	x	
LEGRAND	Annie	2	rue de Rennes	75006	Paris	annie.legrand@hotmail.fr	0		1		x		
LUBIN	Françoise	23	Rue Rollin	75005	Paris	françoise.lubin@orange.fr	0		1	X		x	
MILLET	Karima		rue de Grennelle	75006	Paris	karima.millet@hotmail.fr	1		2				
MONDI	Adriana	6	Boulevard Saint Germain	75005	Paris	adriana-mondi@gmail.com	1		3				
N'GUYEN		9		75005	Paris		1		1	x			
PUEL	Claudia	6	Rue Rataud	75005	Paris	vpuelxx@sfr.fr	0		1	X			
SANDER	Bob	26	Rue Buffon	75005	Paris	bsander75005@sfr.fr	2		2	x		x	
SLIMANI	Rachid	11	rue Claude Bernard	75005	Paris	slimani-rachid@hotmail.com	1		2		x		

2.3 **Indiquer** pourquoi il est important de mettre régulièrement à jour le fichier clients.

....

....

2.4 Parmi les clients qui ont un projet immobilier, **retrouver** ceux à qui vous pourrez envoyer des offres commerciales. **Justifier**.

....

....

....

2.5 Parmi les clients qui ont répondu à l'enquête, **retrouver** ceux qui acceptent que l'on revende leurs données à des partenaires.

....

....

....

2.6 **Retrouver** les clients à qui vous pouvez envoyer la newsletter de l'agence. **Justifier**.

....

....

....

Puis, elle met à votre disposition le fichier qui regroupe en partie les réponses des clients.

RESSOURCE 7 — RÉSULTATS DE L'ENQUÊTE

Nom	Prénom	Numéro	Rue	Code postal	Ville	@	Enfants	Chambres	Projet immobilier	Newsletter	Offres commerciales	Partenaires commerciaux
BREZISKY	Natalia	8	Rue Michelet	75006	Paris	nbrezisky@gmail.com	1	2				
COHEN	David	9	Rue Thouin	75005	Paris	david.cohen@hotmail.fr	2	3				
DE CASTELLAN	Sonia	25	Rue des écoles	75005	Paris	de-castellan.sonia@gmail.com	3	2	x		x	
DIOP	Ibrahim	100	Boulevard de Raspail	75006	Paris	i.diop@laposte.fr		2		x		
DURAND	Marie	1	Rue d'Ulm	75005	Paris	marie.durand@orange.fr	4	3	X			
LACROIX	Victorine	14	Quai Turnelle	75005	Paris	vlacroixxx@sfr.fr	2	3				
LANDI	Leonardo	76	Rue Henri Barbusse	75005	Paris	leonardo-landi@gmail.com	2	3				
LEGENDRE	Paul	45	rue d'Assas	75006	Paris	paul.legendre@yahoo.fr	2	2	x	x	x	
LEGRAND	Annie	2	rue de Rennes	75006	Paris	annie.legrand@hotmail.fr	0	1		x		
LUBIN	Françoise	23	Rue Rollin	75005	Paris	françoise.lubin@orange.fr	1	1	X		x	
MILLET	Karima	76	rue de Grennelle	75006	Paris	karima.millet@hotmail.fr	1	2				
MONDI	Adriana	6	Boulevard Saint Germain	75005	Paris	adriana-mondi@gmail.com	2	3				
N'GUYEN	Suzanne	9	rue Saint Jacques	75005	Paris	Sa-n'guyen.suzanne@gmail.com	1	1	x			
PUEL	Claudia	6	Rue Rataud	75005	Paris	vpuelxx@sfr.fr	0	1	X			
SANDER	Bob	26	Rue Buffon	75005	Paris	bsander75005@sfr.fr	2	2	x		x	
SLIMANI	Rachid	11	rue Claude Bernard	75005	Paris	slimani-rachid@hotmail.com	1	2		x		

Point d'étape

Je fais le point sur mon degré de maîtrise

CENTURY 21

Bloc de compétences Bloc 4B Prospecter la clientèle et valoriser l'offre commerciale

Compétence concernée : ....

→ Traiter les **activités** dans l'ordre.

→ Les cocher au fur et à mesure. ☑

Mes activités

- ❑ **ACTIVITÉ 1 :** Étudier la législation autour de la protection des données
- ❑ **ACTIVITÉ 2 :** Mettre à jour le fichier client de votre agence

→ Page 33

J'ACCÈDE AU DIAPORAMA

JE TESTE MES CONNAISSANCES

Mon score : ....

Travail à rendre

❑ Le point d'étape

❑ La synthèse

Je dépose cette séquence dans mon e-portfolio

❑ Oui ❑ Non

Je m'auto-évalue

Ce que j'ai réussi :

- ....
- ....

Ce que je dois encore travailler :

- ....
- ....
- ....

Ce que je retiens de la séquence

- Mots clés : ....

....

....

- Idées principales : ....

....

....

04 DOMITYS

COMPÉTENCE VISÉE

4B.2 Participer à la conception d'une opération de prospection

OBJECTIF

- Préparer une campagne de prospection

SAVOIRS ASSOCIÉS

- La segmentation des prospects
- Le ciblage
- Le positionnement

QUIZ 04 https://eqrco.de/a/ERyQOj

DIAPORAMA 04 https://eqrco.de/a/UBXPOZ

DOMITYS
vivre l'esprit libre

Identité de l'entreprise

Nom de l'enseigne :
DOMITYS

Activité :
Résidence pour seniors autonomes : propose des appartements et différentes activités sportives ou culturelles

Adresse :
24, av. du Maréchal de Turenne
94290 Villeneuve-le-Roi

Site : www.domitys.fr

Nom du responsable :
Mme Maintenon,
directrice de la résidence

Votre situation professionnelle

Vous travaillez en tant que commercial(e) à la résidence senior DOMITYS de Villeneuve-le-Roi. Vous veillez à ce que la résidence soit toujours complète en cherchant de nouveaux clients.

Votre mission

Votre responsable vous explique qu'il y a régulièrement des campagnes de prospection à faire pour trouver de nouveaux résidents. Afin de vous familiariser avec le secteur, vous allez étudier le marché des résidences seniors et effectuer une segmentation du marché. Puis, vous allez définir la cible, c'est-à-dire le profil des personnes à contacter.

Activité 1 DÉCOUVRIR LES SERVICES ET LE MARCHÉ DES RÉSIDENCES DOMITYS

Comme vous venez d'arriver dans l'entreprise, Mme Maintenon souhaite vous faire découvrir votre entreprise et son marché. Elle met différentes ressources à disposition.

À partir de la **ressource 1** et de vos compétences :

1.1 Expliquer le concept des résidences DOMITYS.

....

....

....

....

RESSOURCE 1 LE CONCEPT DES RÉSIDENCES SENIORS INVENTÉ PAR DOMITYS

À l'origine du concept, les dirigeants fondateurs des résidences seniors DOMITYS créent le modèle de résidence seniors « nouvelle génération » en 1999.

Ces résidences seniors ont de plus en plus de succès ces dernières années, parce qu'elles répondent aux besoins des retraités avec des logements adaptés à l'avancée en âge. Les appartements sont en effet indépendants, confortables, fonctionnels et adaptés à une diminution de l'autonomie. Destinés aux seniors, ces appartements (déclinés de l'appartement T1 à l'appartement T3) ont tous des salles de bains spacieuses avec douche ultraplate, volets électriques, ascenseurs... et même des balcons ou terrasses !

Les résidences seniors disposent en plus d'espaces communs, de détente et de services pour favoriser les rencontres, les échanges et les activités : restaurant, salon TV, bibliothèque, ou encore salle de sport, piscine et salon de coiffure !

En complément, les seniors peuvent également bénéficier de services additionnels tels qu'un service de pension complète, des soins esthétiques ainsi que tous les services d'aide à domicile. Ces services non obligatoires sont facturés à la consommation. Les tarifs varient selon l'emplacement de la résidence seniors et les packs de services sélectionnés.

www.domitys.fr

Mme Maintenon souhaite vous faire découvrir les différents services proposés par votre entreprise. Lisez attentivement les **ressources 2** et **3**. Il s'agit de descriptions des différents services gratuits et payants proposés par DOMITYS. Pour vous aider, vous pouvez également vous rendre sur le site de la résidence Les Sables d'Or à l'aide du QR Code ci-contre :

https://eqrco.de/a/9GK3SR

1.2 Retrouver les services payants proposés par DOMITYS.

....

....

1.3 **Identifier** les services gratuits proposés par DOMITYS.

RESSOURCE 2 — LOYER ET SERVICES COMPRIS

https://eqrco.de/a/ROq9ez

www.domitys.fr

RESSOURCE 3 — PACKS COMPLÉMENTAIRES

Des forfaits de services optionnels et cumulables pour faciliter votre quotidien

PACK SÉRÉNITÉ

Pack Sérénité

Vivez en toute sérénité ! DOMITYS vous décharge des tracas médicaux

PACK GOURMET

Pack Gourmet

Appréciez quotidiennement l'équilibre, la variété et la qualité d'un vrai restaurant

PACK ESSENTIEL

Pack Essentiel

Oubliez les corvées et vivez l'esprit libre, DOMITYS se charge de tout

PACK ÉVASION

Pack Evasion

Faites-vous plaisir toute l'année avec des sorties riches et divertissantes

PACK ÉLÉGANCE

Pack Elégance

Profitez d'un forfait tout inclus pour vous sentir relaxés toute l'année

www.domitys.fr

À partir de la **ressource 4** et de vos compétences :

1.4 **Démontrer** que le marché des résidences seniors est prometteur. **Justifier** la réponse.

RESSOURCE 4 — LE BOOM DES RÉSIDENCES SERVICES POUR LES SENIORS AUTONOMES

La France manque de structures permettant d'accueillir des personnes âgées autonomes qui ne souhaitent pas rester à leur domicile. Plusieurs dizaines vont être créées dans les trois ans.

Un chiffre permet de prendre la mesure de la situation : si la France dispose de 7 000 à 8 000 EHPAD, des résidences médicalisées pour personnes âgées dépendantes, il n'y a en revanche dans l'Hexagone qu'à peine 800 résidences services, ces structures à cheval entre le maintien à domicile et la maison de retraite qui conjuguent autonomie, compagnie et prix modérés.

Principale cible : les 75-84 ans, des retraités prêts à payer autour de 1 500 à 2 000 euros par mois, services compris, qui ne peuvent ou ne veulent plus rester seuls chez eux mais sont suffisamment autonomes pour s'éviter la maison de retraite. Une population en très forte croissance.

Daniel Rosenweg, le 25/05/2019, www.leparisien.fr

Activité 2 — SEGMENTER LES PROSPECTS

Afin de vous aider, votre responsable souhaite que vous compreniez pourquoi il est important de segmenter le marché des seniors avant de commencer votre prospection.

À partir de la ressource 5 et de vos compétences :

2.1 Indiquer pourquoi il est important de segmenter le marché des seniors.

....

....

....

RESSOURCE 5 — SEGMENTATIONS DU MARCHÉ DES SENIORS

L'une des principales erreurs d'appréciation concernant les seniors, ces dix dernières années, a été de croire que cette cible était homogène. Aujourd'hui, tous les directeurs marketing et les experts du marché des seniors s'accordent pour dire que l'hétérogénéité des plus de 50 ans est très forte.

Pourquoi est-il important de **segmenter les plus de 60 ans**, sachant que nous disposons déjà de segmentations simples ? Tout simplement parce que si les seniors sont les plus de 60 ans, il y a un écart de plus de trente ans entre les plus âgés et les plus jeunes. Il est bien évident qu'un quinquagénaire et un septuagénaire ont des profils très différents. Les habitudes de consommation, l'état de santé, les besoins sont donc très variés (comparez, par exemple, les modes de vie d'un couple de jeunes seniors avec encore un enfant à charge et d'une veuve de 77 ans). […]

Quand une entreprise décide d'intervenir sur le marché des seniors, elle admet généralement ne pouvoir s'adresser à tous les clients possibles. De même qu'il est inutile de proposer des couches d'incontinence aux 50-55 ans en utilisant le marketing de masse, il est difficile dans certains domaines d'activité, voire impossible, de cibler de la même manière à la fois les boomers et les retraités actuels. Les plus de 60 ans sont nombreux (16 millions de personnes en 2015 et 20 millions en 2021), dispersés et différents selon leurs attentes, leurs modes de vie, leurs valeurs, etc. Les comportements d'achat sont ainsi très divers, non seulement selon les générations, mais au sein d'une même génération.

www.marchedesseniors.com

Maintenant que vous avez compris l'intérêt de segmenter le marché des seniors, vous avez pour mission de trouver les différents critères de segmentation.

2.2 Retrouver les 4 critères de segmentation définis dans la **ressource 6**.

Critères	Significations
....	....
....	....
....	....
....	....

RESSOURCE 6 — 4 CRITÈRES DE SEGMENTATION

Extrait de l'article « Segmentations du marché des seniors »

On peut choisir de nombreux critères de segmentation : géographiques, sociodémographiques, psychographiques, comportementaux, etc.

Les critères géographiques servent à découper le marché en plusieurs unités territoriales. Une segmentation Sociodémographique définit différents groupes, identifiés sur la base de critères tels que l'âge, le sexe, la taille du foyer, le revenu, la nationalité ou la catégorie socioprofessionnelle. L'âge est un critère souvent utilisé, mais qui pose de nombreux problèmes, comme nous le verrons plus loin.

Les critères psychographiques (classe sociale, style de vie, personnalité, etc.) ont fait l'objet de nombreuses recherches sur le marché des seniors aux États-Unis, avec notamment le professeur George Moschis.

Le quatrième type de segmentation évoqué, basé sur les comportements, consiste à découper le marché des consommateurs en groupes homogènes du point de vue de leurs connaissances, attitudes et expériences à l'égard d'un produit ou de ses attributs.

www.marchedesseniors.com

Vous venez d'identifier 4 critères généraux de segmentation. À présent, analysez les critères de la segmentation spécifiques aux seniors.

2.3 Retrouver les zones géographiques où vivent les seniors.

....

....

....

2.4 Analyser avec des pourcentages le graphique de la répartition par âge. Quels éléments importants retenez-vous ?

....

....

....

2.5 Indiquer à quelle catégorie socioprofessionnelle appartiennent les seniors.

....

RESSOURCE 7 — LA RÉPARTITION TERRITORIALE ET PAR ÂGE DES SENIORS (CRITÈRES GÉOGRAPHIQUE ET SOCIODÉMOGRAPHIQUE)

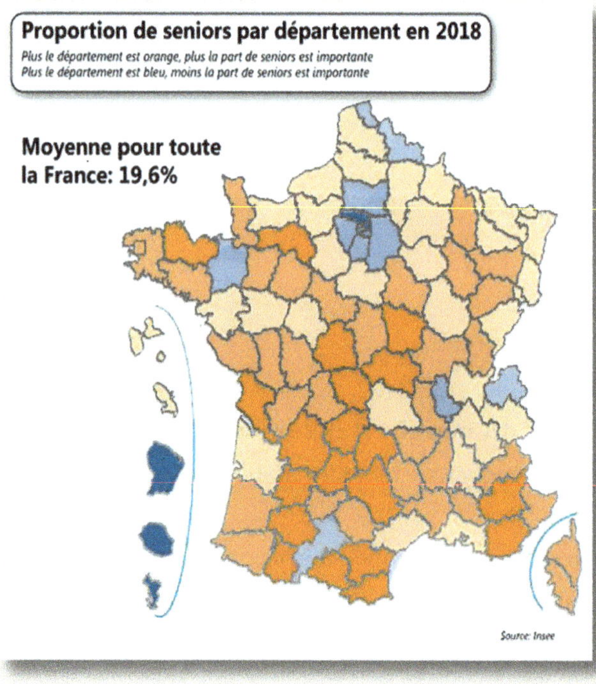

La répartition de la population des seniors

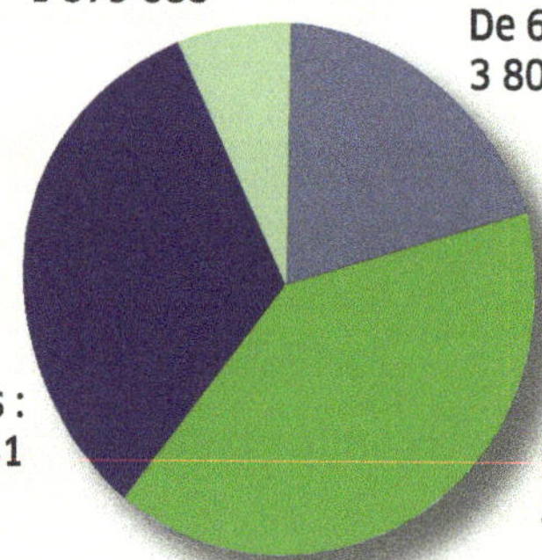

Source : Insee, estimations de population

Catégories socioprofessionnelles	1999	2015
Agriculteurs exploitants	1,9	1,1
Artisans, commerçants, chefs d'entreprise	3,6	3,6
Cadres et professions intellectuelles supérieures	4,2	5,6
Professions intermédiaires	10,1	12,4
Employés	15,7	16,1
Ouvriers	18,3	15,5
Retraités	28,9	33,8
Autres personnes sans activité professionnelle	17,2	11,9
Ensemble (en nombre)	259 258	274 617

D'après source : Insee RP 1999 et 2015 – exploitations complémentaires

2.6 **Identifier** la stratégie la plus suivie par l'ensemble des seniors.

....

2.7 **Donner** votre avis sur le profil sédentaire.

....

....

La **ressource 8** vous permettra de mieux comprendre le critère psychographique des seniors.

2.8 **Indiquer** si les seniors ont une bonne connaissance de l'existence des résidences seniors. **Justifier**.

....

....

RESSOURCE 8 — 9 PROFILS DES + 55 ANS (ÉTUDE SUR LES VALEURS DES SENIORS)

Selon leur catégorie d'âge (génération), les seniors répondent à 3 stratégies (le plaisir, le partage et le recul). Découvrez les 9 profils des seniors.

Les seniors d'aujourd'hui et de demain

Générations / Stratégies	Génération consumériste (55 - 65 ans)		Génération de l'individu (65 - 75 ans)		Génération du collectif (75 - 85 ans)	
Le plaisir	**Le découvreur** *Sensations et nouveautés*	6 %	**Le progressiste** *Curiosité et consommation*	8 %	**L'hédoniste** *Plaisirs simples et frugalité*	4 %
Le partage	**L'altruiste** *Don et responsabilité*	20 %	**Le transmetteur** *Famille et cercle proche*	15 %	**L'engagé** *Solidarité et collectivité*	17 %
Le recul	**Le sédentaire** *Habitat, confort et consommation*	14 %	**Le prudent** *Habitat, santé et sécurité*	6 %	**La replié** *Humilité et résignation*	8 %

D'après la société Adjuvance/L'observatoire des seniors

À présent, vous allez étudier le critère comportemental.

2.9 Vous venez de segmenter la population des seniors. **Résumer** dans le tableau ci-dessous ce que vous avez retenu.

Critères de segmentation	Résumé
Géographique	....
Sociodémographique	....

Psychographique	....
Comportement	....

RESSOURCE 9 — LE REGARD DES 50 ANS ET PLUS SUR LES RÉSIDENCES SENIORS (CRITÈRE COMPORTEMENTAL)

Des résidences seniors connues de la quasi-totalité des français âgés de 50 ans et plus

94 % de seniors les connaissent, dont 75 % qui voient bien en quoi résidences seniors et maisons de retraite ou EHPAD se distinguent. Cette forte notoriété est d'autant plus remarquable qu'une part minime des 50 ans et plus ont un proche qui réside de facto dans une résidence senior (8 %).

www.silvereco.fr

Activité 3 — DÉFINIR LA CIBLE ET LE POSITIONNEMENT DE LA CAMPAGNE DE PROSPECTION

Votre responsable vous indique que votre prospection s'effectuera dans le département où se trouve votre résidence. Puis vous étendrez à l'Île-de-France.

À partir des éléments obtenus dans **les activités précédentes** :

3.1 Identifier la cible avec laquelle vous serez le plus efficace.

Critères	Cibles	Justifications
Géographique	....	....
Âge	....	....
Métier	....	....
Valeur	....	....
Comportement	....	....

Votre cible de clients a des attentes sur les résidences seniors. Vous devez à présent vous assurer que le positionnement de DOMITYS correspond bien aux attentes de vos clients.

À partir de la **ressource 10** et de vos compétences :

3.2 **Déterminer** les critères et attentes des séniors. Indiquer si DOMITYS répond à leurs attentes. **Justifier** vos réponses.

Critères	Que souhaite le senior ?	DOMITYS répond-elle à ses attentes ?	Justifications
....	....	❒ Oui ❒ Non	....
....	....	❒ Oui ❒ Non	....
....	....	❒ Oui ❒ Non	....
....	....	❒ Oui ❒ Non	....
....	....	❒ Oui ❒ Non	....

3.3 **Indiquer** comment DOMITYS veut être perçu par ses clients. **Expliciter** le positionnement de DOMITYS.

....

....

....

....

....

....

....

....

À présent que vous connaissez votre cible et votre positionnement, vous allez synthétiser la politique globale de DOMITYS à l'aide du marketing mix (encore appelé « le plan de marchéage » et les 4P).

À l'aide de vos **activités précédentes** et de votre expérience :

3.4 **Compléter** la matrice suivante. En vous aidant de ce que vous savez sur l'entreprise DOMITYS, **identifier** les éléments relatifs au produit et au prix. Concernant la distribution et la promotion, **imaginer** en tant que commercial ce que vous pouvez mettre en place.

Produit INFORMATIONS SUR LE PRODUIT	**Prix** TARIF, CONDITIONS DE PAIEMENT
....	....
Distribution (*Place* en anglais) MÉTHODES DE VENTE	**Promotion** PUBLICITÉ, MARKETING DIRECT
....	....

Positionnement de l'entreprise

Activité 4 ANALYSER VOTRE PORTEFEUILLE DE CLIENTS

Avant de fixer les objectifs quantitatifs et qualitatifs de votre prospection, votre responsable souhaite que vous étudiiez la qualité du portefeuille clients. Pour cela, vous allez utiliser la méthode de Pareto.

Loi de Pareto

Pour qu'un portefeuille de clients soit équilibré, il doit respecter la règle des 20/80 : 20 % des ventes sont réalisées par 80 % des clients. Ce sont les clients importants dits « gros clients ».

RESSOURCE 10

LES ATTENTES DES SENIORS : QUE RECHERCHE LA PERSONNE ÂGÉE EN RÉSIDENCE SENIOR ?

La sécurité

La décision d'entrée en résidence senior est liée pour 46 % des cas à des problèmes de santé et 31 % dû au fait que le senior n'a plus la capacité de s'occuper de son logement. Mais aussi, le domicile ne répond plus aux critères nécessaires de sécurité pour le senior autonome ou la personne âgée en perte d'autonomie.

La résidence services doit donc adaptée ses appartements ou maisons individuelles à la personne âgée et à une éventuelle perte d'autonomie. Afin de garantir sa sécurité, elle doit être conçue pour prévenir les risques de chute. La résidence senior dispose donc :

- d'un système d'alerte (appel d'urgence, médaillon connecté) ;
- d'une présence 24h/24 avec un personnel formé aux gestes de premiers secours ;
- de capteurs d'alerte, détecteurs de mouvement ;
- d'équipements adaptés aux personnes à mobilité réduites.

La tranquillité

En intégrant une résidence senior, les personnes âgées bénéficient d'une aide concernant tous les actes de la vie courante.

Pour répondre à ce besoin, les résidences seniors proposent divers services en formule ou à la carte :

- Conciergerie (entretien des espaces communs…).
- Espace restaurant : les résidents ont la possibilité d'y prendre leur repas. Dans certaines résidences seniors, des personnes extérieures peuvent être conviées.
- Petit bricolage : une personne peut intervenir dans la partie privatif (appartement) pour les petits travaux de maintenance et bricolage sur de l'électricité (changement d'ampoule), plomberie (fuite d'eau), installation de tringles, peinture…
- Ménage dans les parties privatives.
- Service blanchisserie...

Le prix

Le prix d'une résidence senior est plus abordable pour les personnes âgées et permet également au senior de choisir sa formule et des variables que sont la superficie, les charges comprises (eau, chauffage, entretien des parties communes), services à la carte.

La convivialité

37 % des seniors souhaitent rompre la solitude.

Les résidences seniors proposent :

- un programme varié d'activités et d'animations ;
- un espace forme ;
- une espace détente et loisirs avec TV, bibliothèque, tables de jeux.

Les résidents s'y rendent au gré de leurs envies et peuvent ainsi créer un lien social avec les autres seniors de la résidence services.

Le confort

La résidence senior propose un confort hôtelier. Des services à la carte sont proposés afin que chacun se sente chez soi : entretien du logement, aide-ménagère, aide administrative, bien-être, restaurant…

www.logement-seniors.com

Votre responsable a réparti les clients en 8 catégories, puis il a classé les catégories par ordre décroissant (de la plus importante à la plus petite, en €). Suivez bien toutes les consignes et remplissez progressivement les tableaux suivants.

▶ Répartition en 8 catégories

Catégorie	Nombre de clients	CA
1	12	53 000,00 €
2	19	206 950,00 €
3	14	64 390,00 €
4	9	1 224 353,00 €
5	13	33 501,00 €
6	13	640 094,00 €
7	7	28 022,00 €
8	23	125 690,00 €
Total	**110**	**2 376 000,00 €**

▶ Catégories par ordre décroissant (de la plus grande à la plus petite, en €)

Catégorie	Nombre de clients	CA
4	9	1 224 353,00 €
6	13	640 094,00 €
2	19	206 950,00 €
8	23	125 690,00 €
3	14	64 390,00 €
1	12	53 000,00 €
5	13	33 501,00 €
7	7	28 022,00 €
Total	**110**	**2 376 000,00 €**

4.1 **Calculer**, en pourcentage, la part de chaque catégorie de clients et le CA.

Catégorie	Nombre de clients	% Nombre de clients	CA	% du CA
4	9		1 224 353,00 €	
6	13		640 094,00 €	
2	19		206 950,00 €	
8	23		125 690,00 €	
3	14		64 390,00 €	
1	12		53 000,00 €	
5	13		33 501,00 €	
7	7		28 022,00 €	
Total	**110**	100 %	**2 376 000,00 €**	100 %

4.2 **Cumuler** les pourcentages. Pour cela, **additionner** le pourcentage cumulé de la ligne précédente avec celui du pourcentage du nombre de clients ou CA de la ligne suivante. Vous devez obtenir 100 % à la fin.

Catégorie	Nombre de clients	% Nombre de clients	% cumulé nombre de clients	CA	% CA	% cumulé CA
4	9	8,18 %	8,18%	1 224 353,00 €	51,53 %	51,53 %
6	13	11,82 %		640 094,00 €	26,94 %	
2	19	17,27 %		206 950,00 €	8,71 %	
8	23	20,91 %		125 690,00 €	5,29 %	
3	14	12,73 %		64 390,00 €	2,71 %	
1	12	10,91 %		53 000,00 €	2,23 %	
5	13	11,82 %		33 501,00 €	1,41 %	
7	7	6,36 %		28 022,00 €	1,18 %	
		100 %		**2 376 000,00 €**	100 %	

Vous analysez maintenant vos résultats :

4.3 **Indiquer** ce que représentent les 20 % des clients en termes de pourcentage du CA. **Interpréter** les résultats obtenus.

....

....

....

Point d'étape

Je fais le point sur mon degré de maîtrise

DOMITYS
vivre l'esprit libre

DOMITYS

Bloc de compétences Bloc 4B Prospecter la clientèle et valoriser l'offre commerciale

Compétence concernée : ....

→ Traiter les **activités** dans l'ordre.

→ Les cocher au fur et à mesure. ☑

Mes activités

- ❑ **ACTIVITÉ 1 :** Découvrir les services et le marché des résidences
- ❑ **ACTIVITÉ 2 :** Segmenter les prospects
- ❑ **ACTIVITÉ 3 :** Définir la cible et le positionnement de la campagne de prospection
- ❑ **ACTIVITÉ 4 :** Analyser le portefeuille clients

→ Page 43

J'ACCÈDE AU DIAPORAMA

JE TESTE MES CONNAISSANCES

Mon score : ....

Travail à rendre

- ❑ Le point d'étape
- ❑ La synthèse

Je dépose cette séquence dans mon e-portfolio

❑ Oui ❑ Non

Je m'auto-évalue

Ce que j'ai réussi :

- ....
- ....

Ce que je dois encore travailler :

- ....
- ....
- ....

Ce que je retiens de la séquence

- Mots clés : ....

....

....

- Idées principales : ....

....

....

05 TRYBA

COMPÉTENCE VISÉE

4B.2 Participer à la conception d'une opération de prospection

OBJECTIFS

- Distinguer les différents types d'objectifs (objectifs opérationnels, quantitatifs et qualitatifs d'une opération de prospection)
- Fixer des objectifs en suivant différentes techniques

SAVOIR ASSOCIÉ

- Les objectifs d'une opération de prospection

QUIZ 05 https://eqrco.de/a/aBjVOP

DIAPORAMA 05 https://eqrco.de/a/AJP4zP

TRYBA® FENÊTRES • PORTES • VOLETS tryba.com

Identité de l'entreprise

Nom de l'enseigne :
TRYBA

Activité :
Vente et pose de fenêtres, portes, volets, portes de garage, vérandas et pergolas

Adresse :
19 avenue Youri Gagarine
94400 Vitry-sur-Seine

Site : www.TRYBA.com/fenetre-pvc-vitry-sur-seine/

Nom du responsable :
Mme Vital

Votre situation professionnelle

Vous venez d'être embauché(e) chez TRYBA à Vitry-sur-Seine. C'est une entreprise spécialisée dans la vente et la pose des fenêtres, portes, volets, portes de garage, vérandas et pergolas. TRYBA propose des produits haut de gamme et sur mesure. Votre magasin et votre bureau se trouvent à Vitry-sur-Seine.

Votre mission

Vous avez en charge la vente des vérandas avec un autre commercial.

Votre responsable, Mme Vital, souhaite développer cette activité. Vous allez déterminer vos différents objectifs avec elle.

Activité 1 DIFFÉRENCIER LES DIFFÉRENTS TYPES D'OBJECTIFS

À partir de la **ressource 1** et de vos compétences :

1.1 Déterminer l'intérêt de fixer un objectif.

....

....

....

....

....

1.2 Citer les différents types d'objectifs.

....

....

RESSOURCE 1 SE FIXER DES NIVEAUX DE PERFORMANCE À ATTEINDRE

▶ En résumé

Un objectif ou un ensemble d'objectifs permet de poser un cadre clair dans lequel le dialogue peut avoir lieu. Cela permet de rendre plus objectif le suivi des activités des personnes. Cela structure la relation entre le manager et son équipe et les points de suivi. Les objectifs nécessitent un accord des deux parties. Pour chaque mission, on trouvera un objectif ou plusieurs.

▶ Pourquoi l'utiliser ?

Objectif

Ces règles permettent de bien structurer la relation entre le manager et son équipe. Dans leur relation, plus les choses sont claires et difficilement discutables, moins la subjectivité a de place dans les relations. Les subordonnés savent clairement ce qui est attendu d'eux et sur quoi portera le suivi.

Contexte

Il y a deux types d'objectifs : les qualitatifs et les quantitatifs. Ils ont tous les deux leur importance mais pour les objectifs qualitatifs il est plus difficile de vérifier leur atteinte. Cela nécessite la mise en place d'indicateurs laissant parfois la place à la subjectivité. Mais on peut parfois associer une part quantitative à certains d'entre eux. C'est une des responsabilités du manager.

www.e-marketing.fr

Vous avez participé à une réunion avec Mme Vital concernant votre activité dans l'entreprise et vos objectifs. Votre responsable vous transmet un compte rendu à exploiter.

À partir de la **ressource 2** et de vos compétences :

1.3 **Souligner** les 5 objectifs que votre responsable vous a fixés.

RESSOURCE 2 — COMPTE RENDU

Bonjour,

Je fais suite à notre entrevue de ce jour, je fais le point avec vous.

J'ai bien noté que vous étiez un commercial débutant et que vous n'aviez pas encore eu, ou peu, d'expérience en prospection. En revanche, vous avez de l'expérience dans la vente en face-à-face et l'accueil du client.

Vous aurez en charge la vente des produits VÉRANDA et PERGOLA. Vous travaillerez en étroite relation avec votre collègue Aurore Diom qui travaille au sein de notre entreprise depuis 10 ans. Tous les deux, vous travaillez sur le secteur géographique regroupant 4 villes : Vitry-sur-Seine, Ivry-sur-Seine, Chevilly Larue et Thiais.

Comme je vous l'ai dit, je souhaite que vous augmentiez votre chiffre d'affaires de 15 % cette année. Je souhaite également que TRYBA gagne en part de marché sur votre secteur géographique. De plus, vous devrez être formé à la prospection téléphonique dans les prochains mois. Au cours des différentes campagnes de prospection, vous devrez veiller à la satisfaction des clients et aussi à améliorer l'accueil du client au cours des rendez-vous dans le magasin.

Bien à vous,

Votre responsable

À partir de la **ressource 3** :

1.4 **Repérer** la différence entre un objectif qualitatif et quantitatif.

....

....

RESSOURCE 3 — LES DIFFÉRENTS TYPES D'OBJECTIFS

Objectifs quantitatifs	Objectifs qualitatifs
• Objectif de développement: chiffres d'affaires, quantités vendues. • Objectif de conquête : part de marché. • Objectif de rentabilité : marge. • Objectif de gestion: nombre de clients traités.	• Fidéliser les clients. • Améliorer la satisfaction du client. • Améliorer le service client. • Améliorer les techniques de vente.

Activité 2 FIXER DES OBJECTIFS SMART

Votre responsable fait un point avec vous sur les objectifs. Elle vous rappelle l'importance pour l'entreprise de les atteindre car il représente de l'argent. De plus, elle ajoute qu'avant de fixer un objectif, il faut veiller à ce qu'il soit « SMART ».

À partir de la **ressource 4** et de vos compétences :

2.1 Trouver un objectif en lien avec votre activité professionnelle chez TRYBA, pour chaque caractéristique SMART.

SMART	Objectif
Spécifique	....
Mesurable	....
Acceptable	....
Réaliste	....
Temporellement défini	....

RESSOURCE 4 LES OBJECTIFS SMART

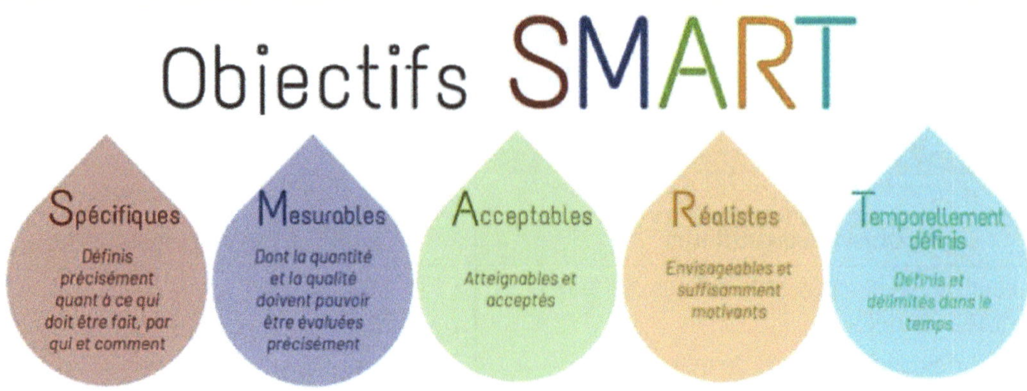

www.manager-go.com

Pour chacun des 5 objectifs fixés par votre responsable (**ressource 2**) :

2.2 **Indiquer** s'ils correspondent à un objectif SMART et s'ils sont réalisables (sur le tableau disponible via le QR Code ci-contre). **Justifier** vos choix.

https://eqrco.de/a/FSdVtl

Activité 3 FIXER DES OBJECTIFS QUALITATIFS

À partir des résultats de l'enquête de satisfaction (**ressource 5**) réalisée auprès de vos clients, et des deux avis clients (**ressource 6**), votre responsable souhaite que vous attachiez de l'importance à certains points de l'enquête, tels que les objectifs globaux de TRYBA Vitry-sur-Seine : FIDÉLISATION et SATISFACTION.

Elle vous rappelle que la relation aux clients est une priorité dans votre entreprise.

À partir des **ressources 5** et **6** et de vos compétences :

3.1 **Retrouver** les différents points à améliorer (6 réponses sont attendues).

....

....

3.2 **Identifier** le critère correspondant à chacun des points à améliorer.

Améliorations du SAV	Améliorations de l'accueil des clients lors du premier rendez-vous	Améliorations de l'attention et du temps accordés aux clients pour répondre à leurs questions
....	....	....
....	....	....
....	....	....
....	....	....
....	....	....
....	....	....

À partir de votre constat :

3.3 **Fixer** des objectifs à atteindre en suivant la méthode SMART.

Améliorations	Objectifs
Amélioration du SAV	....
Améliorer l'accueil des clients lors du premier rendez-vous	....

→

Être plus attentif et prendre le temps de tout expliquer au client	....

RESSOURCE 5 — EXTRAIT DES RÉSULTATS DE L'ENQUÊTE DE SATISFACTION

- 50 % des personnes interrogées trouvent qu'elles ont été bien accueillies au cours de leur rendez-vous.
- 85 % des personnes interrogées sont très satisfaites de la qualité de leur véranda/pergola.
- 60 % des personnes interrogées ont eu du mal à comprendre leur devis.
- 65 % des personnes interrogées n'avaient pas eu toutes les réponses à leurs questions après le premier rendez-vous.
- 45 % des personnes interrogées pensent que le premier rendez-vous a été trop rapide.
- 70 % des personnes interrogées pensent que le commercial connaissait bien son sujet.
- 70 % des personnes interrogées auraient aimé qu'on leur offre une boisson au cours de leur rendez-vous.

RESSOURCE 6 — AVIS SUR LE SAV (SERVICE APRÈS-VENTE) DE 2 CLIENTS

Re: Problème avec TRYBA "CITER

par **angebeau** » 21 Janvier 2016, 11:25

angebeau
Message(s) : 1
Inscription : 21 Janvier 2016, 11:16

Bonjour,
J'ai aussi un problème avec Tryba, j'ai fait l'acquisition d'une porte Fiberstar en 2009. La structure du panneau se décolle. Depuis le mois de septembre 2015, j'essaie par tous les moyens de faire passer cela dans la garantie. Mais Tryba freine des 4 pieds pour ne pas prendre ma garantie. Que dois-je faire afin que ma demande puisse aboutir.
Merci beaucoup.

Re: Problème avec TRYBA "CITER

par **ADÉLAÏDE** » 02 Février 2016, 15:08

ADÉLAÏDE
Message(s) : 5
Inscription : 21 Mai 2015, 15:57

Le problème avec les concessionnaires tryba et tryba c'est qu'il faut toujours batailler pour se faire entendre un temps soit peu.
Je suis enceinte de 8 mois et suis épuisée de ne toujours pas avoir de retour sur le changement de ma porte fenêtre et de l'habillage de mes fenêtres presque 9 mois après une prise de RDV qui n'a pas été honorée !
Pour encaisser le chèque il n'y a eu aucun problème mais pour ce qui concerne le suivi client, là, il n'y a plus personne, c'est plus qu'un manque de sérieux, c'est NON PROFESSIONNEL !
Chantier de 12 000€ et aucun suivi sur rien !

www.60millions-mag.com

Activité 4 FIXER DES OBJECTIFS QUANTITATIFS

Un mois après votre arrivée, vous rencontrez de nouveau votre responsable. Elle précise alors vos objectifs quantitatifs. Ensemble, vous en discutez et tombez d'accord sur 3 objectifs à atteindre.

Objectifs	Détails de l'objectif	SMART?
1	Les matinées sont consacrées à la prospection téléphonique, vous devez obtenir 5 rendez-vous par semaine et Aurore 10.	❒ Oui ❒ Non
2	Augmenter la part de marché de votre secteur géographique de 12 % en 1 an.	❒ Oui ❒ Non
3	Le marché de l'isolation est porteur, vous devez augmenter de 15 % le chiffre d'affaires de votre portefeuille clients en 1 an.	❒ Oui ❒ Non

Votre responsable, Mme Vital, vous demande d'effectuer la technique de l'entonnoir téléphonique. Elle vous explique que cela va vous aider à vérifier si votre objectif est bien réalisable.

À partir de ces informations :

4.1 Vérifier si votre objectif 1 est réalisable.

	Résultats par jour	Résultats par semaine (5 jours)
Acheteurs potentiels	50	....
Clients touchés	....	....
Contacts argumentés	....	....
Rendez-vous obtenus	....	....
Conclusion	....	

RESSOURCE 7 TECHNIQUE DE L'ENTONNOIR

Dans l'entreprise, un débutant appelle en moyenne 50 personnes par jour (acheteurs potentiels). Sur ces 50 personnes, il arrive à en joindre véritablement 50 % (clients touchés). Il arrive ensuite à faire un contact argumenté pour 15 % d'entre eux. Et enfin, sur ces 15 %, 1/3 acceptent un rendez-vous.

Concernant votre objectif de part de marché, elle vous demande d'effectuer vos calculs en vous aidant des **ressources 8** et **9**.

4.2 **Préciser** à quelle somme correspond en euros l'augmentation de votre part de marché de 12 % (**objectif 2**). Pour répondre à cette question, vous devez effectuer la série de calculs suivante :

▶ **Calcul 1** : Indiquer le nombre d'habitants total sur votre secteur en 2016.

....

....

▶ **Calcul 2** : À partir des éléments soulignés dans la **ressource 8**, calculez le potentiel en euros de ce que vous pouvez obtenir sur votre marché. Pour cela, réalisez une règle de 3.

- 100 000 ⟶ 5 millions d'€
- 201 879 ⟶ ....

....

....

▶ **Calcul 3** : La part de marché de votre agence TRYBA est de 10 % sur votre secteur. À combien s'élève-t-elle en euros ?

....

....

▶ **Calcul 4** : Votre responsable vous dit que vos produits VÉRANDAS/PERGOLAS représentent 10 % du chiffre d'affaires de votre agence. Quelle est la part de marché en euros de vos produits sur votre secteur ?

....

....

▶ **Calcul 5** : Votre objectif est d'atteindre 12 % de part de marché. Calculez la valeur de votre part de marché en euros.

Marché VÉRANDAS/PERGOLAS Année N	Part de marché 12 % Année N+1
100000 €	....

RESSOURCE 8 — TRYBA S'AFFIRME LEADER DU MARCHÉ DE LA RÉNOVATION DES PORTES ET FENÊTRES

Un concessionnaire tryba détient en moyenne entre 10 % et 20 % du marché de sa zone

Dans une zone de <u>100 000 habitants, il se vend pour environ 5 millions d'euros de fenêtres par an</u>. Un concessionnaire TRYBA détient une part de marché qui va de 10 % à 20 %, selon son ancienneté et son niveau d'activités. Le chiffre d'affaires moyen qu'il réalise est de 1,5 million d'euros par an.

www.toute-la-franchise.com

RESSOURCE 9 — ÉVOLUTION DU NOMBRE D'HABITANTS SUR VOTRE SECTEUR GÉOGRAPHIQUE

	2011	2016
Thiais	29229	29006
Chevilly-Larue	18532	19347
Vitry-sur-Seine	86375	92755
Ivry-sur-Seine	58185	60771

Insee, RP2011 et RP2016, exploitations principales, géographie au 01/01/2019

Afin d'avoir une idée du potentiel de développement de chacune de ces communes, votre responsable vous demande de calculer le taux d'évolution entre 2011 et 2016 du nombre d'habitants des communes de votre secteur. Pour vous aider, elle vous donne la formule à suivre dans la **ressource 10**.

4.3 **Calculer** le taux d'évolution du nombre d'habitants des communes de votre secteur géographique.

	2011	2016	Taux d'évolution	Votre analyse
Thiais	29229	29006	(29006 - 29229)/29229 x 100 = - 0,8 %	L'évolution de la population de Thiais est en baisse de 0,76 %
Chevilly-Larue	18532	19347	....	....
Vitry-sur-Seine	86375	92755	....	....
Ivry-sur-Seine	58185	60771	....	....

4.4 **Indiquer** la ville de votre secteur qui a le potentiel de développement le plus intéressant. **Justifier** votre réponse.

....

4.5 **Calculer** votre chiffre d'affaires prévisionnel qui correspond à un objectif de + 15 % par rapport à l'année N.

	Chiffre d'affaires Année N-1	Objectif + 10 % à atteindre Année N	Chiffre d'affaires réalisé Année N	Différence avec l'objectif en nombre	Différence en %	Objectif en € : N+1 + 15 % par rapport à N
Vos calculs		....		....	....	....
Résultats	85000 €	....	90000 €	....	....	....

Point d'étape

Je fais le point sur mon degré de maîtrise

TRYBA
CONCEPTEUR - FABRICANT - INSTALLATEUR
tryba.com

TRYBA

Bloc de compétences Bloc 4B Prospecter la clientèle et valoriser l'offre commerciale

Compétence concernée : ....

→ Traiter les **activités** dans l'ordre.

→ Les cocher au fur et à mesure. ☑

Mes activités

- ❑ **ACTIVITÉ 1 :** Différencier les différents types d'objectifs
- ❑ **ACTIVITÉ 2 :** Fixer les objectifs SMART
- ❑ **ACTIVITÉ 3 :** Fixer les objectifs qualitatifs
- ❑ **ACTIVITÉ 4 :** Fixer les objectifs quantitatifs

→ Page 57

J'ACCÈDE AU DIAPORAMA

JE TESTE MES CONNAISSANCES

Mon score : ....

Travail à rendre

- ❑ Le point d'étape
- ❑ La synthèse

Je dépose cette séquence dans mon e-portfolio

❑ Oui ❑ Non

Je m'auto-évalue

Ce que j'ai réussi :

- ....
- ....

Ce que je dois encore travailler :

- ....
- ....
- ....

Ce que je retiens de la séquence

- Mots clés : ....

....

....

- Idées principales : ....

....

....

06 BOUYGUES TELECOM

COMPÉTENCE VISÉE

4B.2 Participer à la conception d'une opération de prospection

OBJECTIFS

- Déterminer la durée de l'opération en fonction des moyens alloués
- Déterminer la (ou les) technique(s) de prospection adaptées aux objectifs du projet et aux moyens alloués

SAVOIRS ASSOCIÉS

- Les techniques de prospection
- La gestion du temps professionnel
- Le budget

QUIZ 06 https://eqrco.de/a/5P70Go

DIAPORAMA 06 https://eqrco.de/a/n8qU4d

Identité de l'entreprise

Nom de l'enseigne :
BOUYGUES TELECOM

Activité :
Opérateur de télécommunication

Type de produits vendus :
Forfait mobiles, forfaits internet, téléphones mobiles et accessoires

Site : www.bouyguestelecom.fr

Nom du responsable :
M. Arthur Vendé

Votre situation professionnelle

Vous êtes actuellement en période de formation en milieu professionnel au service commercial et clientèle de BOUYGUES TELECOM à Paris.

Votre tuteur, M. Arthur Vendé, travaille actuellement sur le lancement d'un nouveau forfait téléphonique. Il a pour objectifs de trouver des prospects et de les contacter afin de leur proposer l'offre.

Votre mission

Vous allez travailler sur le projet de lancement du nouveau forfait téléphonique. Vous êtes amené(e) à choisir les techniques de prospection les plus appropriées à ce projet.

Activité 1 — EXPLIQUER LES ENJEUX DE LA PROSPECTION COMMERCIALE

Arthur, votre tuteur, lance une opération de prospection pour le lancement d'un forfait mobile pour les jeunes de moins de 20 ans. Il cible particulièrement les lycéens, étudiants et les personnes de moins de 20 ans qui n'ont jamais eu de forfaits et ce sur tout le territoire national.

Avant toute chose, Arthur souhaite vous faire un rappel au sujet de l'importance de la prospection.

1.1 **Déterminer** le but de la prospection.

....

....

1.2 **Expliquer** pourquoi elle est indispensable pour l'entreprise.

....

RESSOURCE 1 — LA PROSPECTION COMMERCIALE

Rappelons que la prospection consiste en la recherche de nouveaux clients ou en tout cas de personnes susceptibles d'acheter ou de consommer nos produits et services.

L'importance de la prospection pour une entreprise est majeure. Il faut savoir que, tous les ans, nous perdons un pourcentage de notre clientèle. Sur du long terme, cela peut porter préjudice au chiffre d'affaires et à la pérennité de l'entreprise. On assiste alors à l'érosion de son portefeuille client et, si aucune action n'est menée, l'activité de l'entreprise est mise en danger.

Mais attention, la prospection n'est pas la phase de vente. Elle consiste à trouver des prospects, c'est-à-dire des personnes qui par leur comportement ou leur activité quotidienne, peuvent devenir des clients potentiels et des consommateurs. Ils ne sont pas encore client et le but est de les convaincre de le devenir.

Activité 2 — IDENTIFIER LES DIFFÉRENTES TECHNIQUES DE PROSPECTION

Arthur vous présente le projet en question et les différentes techniques de prospection permettant d'aborder des prospects.

2.1 **Lister** les différentes techniques de prospection qu'une entreprise peut mettre en place.

....

....

....

À l'aide de vos connaissances personnelles et du **padlet** :

2.2 **Lister** les avantages et les inconvénients pour les techniques suivantes.

https://eqrco.de/a/Wgcip8

2.3 **Proposer** deux techniques de prospection adaptées au projet proposé par votre tuteur. **Justifier** votre réponse.

2.4 **Préciser** la technique que vous allez utiliser en premier. **Justifier** votre réponse.

RESSOURCE 2 – FORFAIT 2H/10 GO

Prix: 8,99 €/mois

Détails du forfait :

- SMS/MMS illimités en France métropolitaine.
- 2 h 00 depuis Europe et DOM.
- Internet 10 Go.

Cible :

- Jeunes de moins de 20 ans.
- Lycéens/Étudiants.
- Petit budget.

RESSOURCE 3 – LES DIFFÉRENTES TECHNIQUES DE PROSPECTION

LES TECHNIQUES DE PROSPECTION

La prospection classique	La prospection par les événements	La prospection connectée
• Prospection téléphonique. • Prospection terrain. • Prospection papier/courrier.	• Salons et foires. • Événements sociaux et musicaux.	• Réseaux sociaux et publication sponsorisée. • *Social selling* (B to B). • E-mail marketing. • Les forums de clients.

RESSOURCE 4 — LA PROSPECTION CONNECTÉE

Aujourd'hui, les réseaux sont des plateformes incontournables pour la prospection commerciale. Les techniques de prospection classiques comme le téléphone et le publipostage s'épuisent et la société évolue vers une digitalisation du contact. Il devenait donc indispensable aux entreprises de s'adapter et d'aller chercher le potentiel client d'une autre manière.

Les acheteurs ont changé, ils vont à la recherche des informations par eux-mêmes et n'attendent plus d'être contactés par un commercial pour décider d'acheter un produit. C'est ce que l'on appelle le « Préachat ». Afin de déclencher ce préachat, l'entreprise doit générer du contenu sur ces plateformes sociales devenues incontournables.

Ce nouveau levier nous amène à créer des contenus qui pousseront les prospects et clients à nous contacter par eux-mêmes. Il s'agit du *inbound marketing*. Le *inbound* est appliqué via les réseaux sociaux par des publications sponsorisées à travers lesquels l'entreprise choisit qui verra cette publication, à quel moment et pour combien de temps.

En effet, il est possible de choisir le sexe, l'âge, la région de résidence, les centres d'intérêts, le nombre d'heures ou de jours durant lesquels la publication sera visible sur les réseaux sociaux. La publication propose un lien direct soit sur le site internet de l'entreprise, soit sur la page personnelle de l'entreprise sur le social média (Facebook, Twitter, Instagram…). La publication nous mène parfois à un *call back* (formulaire) qui propose de collecter les informations du potentiel client afin de le recontacter par la suite.

Mais attention, cette technique de prospection n'est utile que si elle est combinée à une autre technique de prospection. Souvent, elle se complète par une technique de prospection classique comme le contact téléphonique ou encore l'e-mailing.

RESSOURCE 5 — LES MOYENS POUR LA PROSPECTION

- **Moyens humains :** équipe de 12 commerciaux.
- **Moyens financiers :** très réduits.
- **Moyens matériels :** tablettes, ordinateurs, fichiers clients et plateforme téléphonique.

Activité 3 — METTRE EN PLACE UNE PROSPECTION CONNECTÉE

Le choix a été fait de travailler sur le réseau Instagram, plateforme sociale incontournable des moins de 20 ans. Il a été décidé de créer une publication sponsorisée qui sera adressée à notre cible.

À l'aide des informations qui vous sont données sur ce projet :

3.1 **Programmer** le sponsoring de cette publication Instagram (tranche d'âge, sexe, région/pays, centre d'intérêts).

....

....

....

....

3.2 La cible étant programmée, **proposer** une légende et 6 hashtags pertinents à cette publication.

....

....

....

....

Arthur décide de combiner cette publication à un *call back*. Ainsi, les prospects intéressés pourront nous laisser leurs coordonnées afin qu'ils soient rappelés pour souscrire à l'offre.

À l'aide de vos compétences et du **padlet**:

3.3 **Lister** les informations devant figurer sur ce *call back*.

....

....

....

Activité 4 DÉTERMINER LA DURÉE DE PROSPECTION EN FONCTION DES MOYENS ALLOUÉS

Suite à la publication sponsorisée et au *call back*, 3 948 contacts ont été créés.
Il faut désormais passer à la deuxième étape de cette stratégie de prospection, contacter par téléphone les 3 948 contacts « chauds ». Arthur doit maintenant évaluer la durée de prospection téléphonique de ce projet.

4.1 **Estimer** le nombre de contact à attribuer à chaque commercial.

....

....

....

4.2 **Évaluer** le temps qu'il faudra afin de contacter ces 3 948 contacts.

....

....

....

....

....

....

RESSOURCE 6 LES MOYENS ALLOUÉS

Nombre de commerciaux	12
Durée de travail journalière	7h00
Durée d'un appel	13 minutes
Nombre de contacts chauds	3948

Point d'étape

Je fais le point sur mon degré de maîtrise

BOUYGUES TÉLÉCOM

Bloc de compétences Bloc 4B Prospecter la clientèle et valoriser l'offre commerciale

Compétence concernée : ....

→ Traiter les **activités** dans l'ordre.

→ Les cocher au fur et à mesure. ☑

Mes activités

- ❑ **ACTIVITÉ 1 :** Expliquer les enjeux de la prospection commerciale
- ❑ **ACTIVITÉ 2 :** Identifier les différentes techniques de prospection
- ❑ **ACTIVITÉ 3 :** Mettre en place une prospection connectée
- ❑ **ACTIVITÉ 4 :** Déterminer la durée de prospection en fonction des moyens alloués

→ Page 67

J'ACCÈDE AU DIAPORAMA

JE TESTE MES CONNAISSANCES

Mon score : ....

Travail à rendre

- ❑ Le point d'étape
- ❑ La synthèse

Je dépose cette séquence dans mon e-portfolio

❑ Oui ❑ Non

Je m'auto-évalue

Ce que j'ai réussi :

- ....
- ....

Ce que je dois encore travailler :

- ....
- ....
- ....

Ce que je retiens de la séquence

- Mots clés : ....

....

....

- Idées principales : ....

....

....

07 ORPI

COMPÉTENCE VISÉE

4B.3 Mettre en œuvre une opération de prospection

OBJECTIFS

- Construire et mettre à jour le fichier prospects
- Élaborer le plan de prospection et le plan de tournée
- Sélectionner et/ou concevoir des outils d'aide à la prospection et des supports de communication

SAVOIRS ASSOCIÉS

- Les différents outils d'aide à la prospection: plan de tournée, plan d'appel, argumentaire, fiche contrat, applications numériques
- Les principes d'élaboration et d'utilisation

QUIZ 07 https://eqrco.de/a/K7PBN1

DIAPORAMA 07 https://eqrco.de/a/BMeoth

Identité de l'entreprise

Nom de l'enseigne:
ORPI

Activité:
Achat et vente de biens immobiliers

Adresse:
12 Avenue Henri Barbusse
93150 Le Blanc-Mesnil

Site: www.orpi.com/AJP/

Nom du responsable:
M. Aouat

Votre situation professionnelle

Vous êtes actuellement en période de formation pour la seconde fois au sein de l'entreprise ORPI du Blanc-Mesnil.

M. Aouat, votre tuteur, souhaite élargir son portefeuille de biens sur la zone du centre-ville du Blanc-Mesnil. Il décide donc de lancer des recherches afin de développer son portefeuille de biens. Pour cela, il doit obtenir des informations sur sa zone de prospection.

Votre mission

Vous serez chargé(e) de rechercher et organiser des informations qui permettront par la suite de construire une opération de prospection dans son intégralité.

Activité 1 ORGANISER UNE OPÉRATION DE PROSPECTION

M. Aouat souhaite connaître votre niveau de compétence avant de vous laisser en autonomie pour réaliser une opération de prospection. Il vous remet une documentation et vous demande de l'analyser.

À partir de vos compétences et des étapes listées dans la **ressource 1** :

1.1 **Classer** les étapes d'une opération de prospection par catégorie et dans l'ordre chronologique.

Construire un fichier prospects
....
....
....
....
Élaborer un plan de prospection ou de tournée
....
....
....
....
Sélectionner et concevoir des outils d'aide à la prospection
....
....
....
....

1.2 **Indiquer** les différentes sources d'information qui s'offrent à vous afin de constituer un fichier prospects.

....

....

1.3 **Mentionner** les critères devant impérativement figurer sur un fichier prospects.

....

....

RESSOURCE 1 — LES ÉTAPES D'UNE OPÉRATION DE PROSPECTION

- La collecte d'informations sur le prospect.
- Élaborer un fichier prospects.
- Déterminer la zone géographique de prospection.
- Organiser la visite de prospection.
- Choisir un type de tournée.
- Réaliser un planning de visites de prospection.
- Sélectionner une technique de prospection adaptée à la cible.
- Concevoir des outils d'aide à la prospection (fiche prospect, plan de tournée, carte de visite, prospectus).

Activité 2 — CONSTRUIRE ET METTRE À JOUR UN FICHIER PROSPECTS

Maintenant que M. Aouat a validé et vérifié vos acquis, il souhaite vous confier pour mission la prospection du centre-ville du Blanc-Mesnil. Il a constaté ces dernières semaines une forte demande sur des appartements de type F2 mais peu de biens à proposer au sein de l'agence. Il vous demande donc de développer le portefeuille de biens de ce type d'appartement. Pour cela, il met à votre disposition un fichier prospects déjà existant. En vous basant sur celui-ci, construisez un fichier de prospects en cohérence avec l'opération de prospection « F2 au centre-ville ».

M. Aouat vous remet un fichier prospects et vous demande d'en extraire seulement les prospects correspondant aux objectifs de l'opération de prospection.

À partir des **ressources 2** et **3** et de vos compétences :

2.1 **Sélectionner** et **reporter** les prospects pouvant correspondre à l'opération de prospection organisée. Pour cela, **compléter** le **document « Construction d'un fichier prospects »**.

Construction d'un fichier prospects

https://eqrco.de/a/BGdGro

2.2 **Indiquer** les rubriques supplémentaires pouvant figurer sur ce fichier prospects.

....

....

2.3 **Retrouver** les sources d'informations qui vous permettront de les obtenir.

....

2.4 **Élaborer** ce fichier prospects avec un tableur en faisant apparaître les rubriques supplémentaires (réponse à la **question 2.2**).

RESSOURCE 2 — LES CRITÈRES DE RECHERCHE DES CLIENTS ORPI

Type de bien	Appartement
Ville	Le Blanc-Mesnil
Nombre de pièces	2 pièces
Critères avancés	• Secteur du centre-ville • Propriétaire

RESSOURCE 3 — FICHIER PROSPECTS BLANC-MESNIL 2018

Nom et prénom	Adresse	Statut	Zone	Type de bien
FLAMAND Josiane	14 Rue Danton	Propriétaire	Centre-ville	F2
MÉRET Janis	40 Rue Lamartine	Propriétaire	Blanc-Mesnil Sud	F2
MALANY Fatima	12 Rue Anatole France	Locataire	Blanc-Mesnil Nord	F2
MARNAUD Albert et Florence	24 Rue Voltaire	Propriétaire	Centre-ville	F3
GARD Henri	17 rue Albert Thomas	Propriétaire	Centre-ville	F2
FLUBERT Monique	35 Rue Anatole France	Propriétaire	Blanc-Mesnil Nord	F2
ALTE Valérie	15 Rue Voltaire	Propriétaire	Centre-ville	F2
FLOTE Bilal	20 Rue Paul Legarrois	Propriétaire	Centre-ville	F2
MARQUAD Janine	23 Rue Lavoisier	Propriétaire	Blanc-Mesnil Nord	F3
JEAN Patrick	56 Rue Lavoisier	Propriétaire	Blanc-Mesnil Nord	F2
MOLERT Martine	35 Rue Paul Legarrois	Locataire	Centre-ville	F2
ZALUBERT Amine	3 rue du Potier	Propriétaire	Blanc-Mesnil Nord	F2
BOUTEMAL Farid	50 avenue de la République	Propriétaire	Centre-ville	F2
GERINE Fabrice	60 avenue de l'Espérance	Propriétaire	Centre-ville	F2
BOULET Boris	3 Rue de Pologne	Propriétaire	Blanc-Mesnil Nord	F3
BIMINA Florica	35 rue du Potier	Propriétaire	Blanc-Mesnil Nord	F2
ROUBERT Karine	45 Rue Commandant Delesque	Propriétaire	Blanc-Mesnil Sud	F4
BOUTELLE Béatrice	120 Avenue Ambroise Croizat	Locataire	Blanc-Mesnil Sud	F3
BANANA Mourad	45 Avenue de l'Espérance	Propriétaire	Centre-ville	F2
NOUR Azedine	78 Rue Commandant Delesque	Locataire	Blanc-Mesnil Sud	F3
VILARD José	5 rue Voltaire	Propriétaire	Centre-ville	F2
MADE Marianne	90 Avenue Ambroise Croizat	Locataire	Blanc-Mesnil Sud	F2
KERNAZ Farida	3 Avenue de la république	Propriétaire	Centre-ville	F2

Activité 3 ÉLABORER LE PLAN DE PROSPECTION ET LE PLAN DE TOURNÉE

Cette semaine, vous travaillez essentiellement sur l'élaboration d'un plan de prospection. Maintenant que vous avez recherché des informations relatives aux prospects et construit un fichier prospects, M. Aouat souhaite vous sensibiliser et vous former à l'élaboration du plan de prospection et à la tournée. Il vous précise qu'il s'agit d'une étape décisive.

3.1 **Expliquer** en quoi consiste un plan de prospection.

3.2 **Expliquer** pourquoi il est important de repérer ses prospects sur une carte géographique avant de construire son plan de tournée.

RESSOURCE 4 LE PLAN DE PROSPECTION ET LA TOURNÉE TERRAIN

Le plan de prospection est une planification des visites de prospects. Il est important de définir un créneau horaire précis, chaque jour ou chaque semaine. Cela permet au commercial d'atteindre ses objectifs.

La première ét bape de cette organisation est de déterminer les créneaux horaires les plus adaptés et la durée de prospection par jour (1 ou 2 heures). Pour cela, il faut tenir compte de la cible et du profil du prospect.

Il est crucial de rechercher de plus amples informations sur le prospect : numéro de téléphone, disponibilités, emploi, etc. Pour cela, de nombreux moyens s'offrent à vous comme les annuaires et les réseaux sociaux. De cette manière, vous pourrez également actualiser et mettre à jour les informations de votre fichier prospects.

La construction du planning de prospection passe par la localisation du prospect sur une carte géographique. Lorsque tous les prospects sont repérés, un plan de tournée optimal est à construire. Cela permet de gagner du temps et d'être efficace.

M. Aouat met à votre disposition une carte du secteur qui se situe au Blanc-Mesnil.

À partir des informations répertoriées sur le **document « Construction d'un fichier prospects »** :

3.3 **Localiser** sur la carte géographique les prospects à visiter.

RESSOURCE 5 PLAN DU CENTRE-VILLE DU BLANC-MESNIL

https://eqrco.de/a/kS9o3h

3.4 **Indiquer** le nombre de prospects que vous pourrez visiter par jour et combien de temps il vous faudra pour tous les visiter.

....

....

....

....

....

....

3.5 **Organiser** votre plan de prospection en fonction de la proximité géographique de chaque prospect et en tenant compte des indications de votre tuteur.

Jours	À visiter
Lundi	....
Mardi	....
Mercredi	....
Jeudi	....
Vendredi	....

À partir du **padlet**:

3.6 **Indiquer** le type de tournée à mettre en place. **Justifier** votre réponse.

....

....

RESSOURCE 6 — LES RECOMMANDATIONS DE M. AOUAT CONCERNANT LA PROSPECTION TERRAIN

Sur ce projet, la plupart des propriétaires et occupants sont des actifs entre 25 et 40 ans. Ils sont donc absents entre 8 h 00 et 17 h 30. Il convient donc de les visiter après 18 h 00.
La prospection terrain se déroulera donc tous les jours entre 18 h 00 et 19 h 30. Chaque visite dure en moyenne 20 minutes.
Dans le centre-ville, la prospection se fait à pied pour plus de praticité. Il faut compter 20 minutes de marche pour chaque jour de prospection. Vous partez toujours de l'agence.

M. Aouat vous demande maintenant d'organiser votre tournée journée par journée. Pour cela, utilisez l'application MAPPY.

3.7 **Organiser** votre tournée.

Jour	Rue de départ	Rue d'arrivée	Temps de parcours et nombre de km	Nom du prospect	Commentaire
....	....	....	....	....	....
....	....	....	....	....	....
....	....	....	....	....	....
....	....	....	....	....	....
....	....	....	....	....	....

Activité 4

SÉLECTIONNER ET/OU CONCEVOIR DES OUTILS D'AIDE À LA PROSPECTION ET DES SUPPORTS DE COMMUNICATION

Maintenant que votre plan de tournée est conçu, M. Aouat souhaite vous sensibiliser aux outils qui permettront d'optimiser et de rendre efficace votre opération de prospection.

À partir de la **ressource 7** et de vos compétences :

4.1 **Sélectionner** les outils et supports qui doivent constituer votre mallette de commercial. **Justifier** l'utilité de chaque outil dans le cadre de votre prospection « F2 centre-ville ».

Outils et supports	Utilité
....	....

→

→

....	....
....	....
....	....
....	....
Outils et supports	**Utilité**
....	....
....	....

RESSOURCE 7 — LES OUTILS ET SUPPORTS DE LA PROSPECTION TERRAIN

Ordinateur - Téléphone portable - Tablette numérique - Clé USB - Appareil photo

Carte de visite - Prospectus - Publipostage - Annuaire - Catalogue - Mandat - Carte géographique - Fiche prospect

Bloc-notes - Stylo - Calculatrice - Agenda - Chemise

À partir des **ressources 8** et **9** et du **site internet** :

Site

https://eqrco.de/a/uHYgdv

Organisation du prospectus

https://eqrco.de/a/DqNpOO

4.2 **Préparer** un prospectus aux couleurs de l'entreprise ORPI qui permettra de laisser une trace de votre passage chez le prospect en cas d'absence. **Faire** apparaître les avantages d'une signature de mandat chez ORPI sur la ressource.

4.3 **Élaborer** maintenant ce prospectus de façon numérique.

RESSOURCE 8 — LES SUPPORTS DE LA PROSPECTION

Différents supports sont utilisés par l'agent immobilier lors de sa prospection terrain. Ils ont pour objectif d'animer et de rendre efficace celle-ci.

- **La fiche prospect** : elle permet de garder une trace des informations concernant le prospect. Elle permet suite à la visite de qualifier le fichier et de le mettre à jour.
- **Le prospectus** : il a une forme commerciale et concise à la fois. Il laisse une trace du passage du commercial sur le lieu d'habitation. Il reprend les coordonnées de l'entreprise, une formule accrocheuse, une offre, et une formule qui incite le prospect à nous recontacter.
- **La carte de visite** : elle reprend les noms et coordonnées du commercial. Elle est à remettre en mains propres au prospect.

RESSOURCE 9 — LES AVANTAGES D'UN MANDAT DE VENTE CHEZ ORPI

- **Gain de temps, vente accélérée.**
- **Une offre complète et exclusive.**
- **Des opportunités multiples.**
- **Un suivi en toute transparence.**
- **Une diffusion de l'annonce sur tous les grands sites spécialisés.**

Point d'étape

Orpi

ORPI

Je fais le point sur mon degré de maîtrise

Bloc de compétences Bloc 4B Prospecter la clientèle et valoriser l'offre commerciale

Compétence concernée : ....

→ Traiter les **activités** dans l'ordre.

→ Les cocher au fur et à mesure. ☑

Mes activités

- ❑ **ACTIVITÉ 1 :** Organiser une opéraion de prospection
- ❑ **ACTIVITÉ 2 :** Construire et mettre en œuvre un fichier prospect
- ❑ **ACTIVITÉ 3 :** Élaborer le plan de prospection et de tournée
- ❑ **ACTIVITÉ 4 :** Sélectionner et concevoir des outils d'aide à la prospection

→ Page 73

J'ACCÈDE AU DIAPORAMA

JE TESTE MES CONNAISSANCES

Mon score : ....

Travail à rendre

- ❑ Le point d'étape
- ❑ La synthèse

Je dépose cette séquence dans mon e-portfolio

❑ Oui ❑ Non

Je m'auto-évalue

Ce que j'ai réussi :

- ....
- ....

Ce que je dois encore travailler :

- ....
- ....
- ....

Ce que je retiens de la séquence

- Mots clés : ....

....

....

- Idées principales : ....

....

....

08 MINI

COMPÉTENCE VISÉE

4B.3 Mettre en œuvre une opération de prospection

OBJECTIFS

- Établir le contact avec le prospect dans des situations de prospection physique et/ou à distance
- Identifier les besoins du prospect

SAVOIRS ASSOCIÉS

- Les techniques de questionnement, d'écoute active, de reformulation, de présentation et d'argumentation d'une offre, d'une réponse aux objections et de conclusion
- Les techniques d'adaptation de la communication
- Les principes de réalisation d'un plan de découverte et son utilisation dans un contexte de prospection

QUIZ 08 https://eqrco.de/a/TFOA6g

DIAPORAMA 08 https://eqrco.de/a/QAsibH

Identité de l'entreprise

Nom de l'enseigne :
MINI

Activité :
Construction et vente automobile

Adresse :
51 Boulevard Maréchal Foch
95210 Saint-Gratien

Horaires :
8h30 – 19h (du lundi au samedi)

Nom du responsable :
M. Ricolli

Votre situation professionnelle

Vous êtes en période de formation en milieu professionnel dans la concession automobile MINI de Saint-Gratien (95). Votre tuteur, M. Ricolli, vous accompagne durant ces 4 semaines.

Votre mission

Un nouveau véhicule fait son entrée dans la gamme de produits MINI et M. Ricolli souhaite vous sensibiliser à la découverte des besoins du client. De cette manière, vous ciblerez précisément le bon produit à proposer en fonction des besoins repérés.

Activité 1 PRENDRE CONTACT À DISTANCE OU E-RELATION

M. Ricolli souhaite vous sensibiliser à la prise de contact à distance. Aujourd'hui, le développement des marques et des entreprises sur les réseaux sociaux a pris une place très importante. Les réseaux sociaux sont devenus un terrain d'approche des prospects, ils permettent de nouer le contact avec ce dernier. Il faut savoir repérer un contact intéressé et l'aborder.

1.1 **Expliquer** le principe de la e-relation.

....

....

1.2 **Indiquer** les enjeux de la e-relation.

....

....

1.3 **Lister** les règles de la prise de contact à distance.

....

....

....

À votre tour, M. Ricolli souhaite vous initier à la prise de contact à distance sur les réseaux sociaux. Pour cela, il vous donne un extrait de commentaires d'internautes sur le compte Instagram de l'entreprise.

1.4 **Retrouver** les commentaires qui nécessitent une réponse. **Justifier** votre réponse.

....

....

1.5 **Rédiger** sur votre copie une réponse à @Saliette en tenant compte des règles de forme citées dans la ressource 1. Votre tuteur, M. Ricolli, vous demande de lui proposer un rendez-vous en concession en précisant les horaires d'ouverture et les coordonnées de la concession.

RESSOURCE 1 LA E-RELATION

La relation client « en ligne » est aujourd'hui primordiale. **Appelée aussi la « e-relation », elle passe par :**

- le téléphone et l'email ;
- les réseaux sociaux ;
- le site internet de l'entreprise ;
- les *call back* (formulaire en ligne sur les réseaux sociaux et site internet qui permettent d'être recontacté par l'entreprise).

Les clients souhaitent de plus en plus avoir des réponses « instantanées » à leurs questions, ils désirent une prise

RESSOURCE 1 (SUITE)

en charge rapide et efficace de leur demande même à distance. De nombreux prospects et clients passent aujourd'hui par les réseaux sociaux pour poser leurs questions et les laisser sans réponse peut avoir un impact néfaste sur l'image de l'entreprise.
Ainsi, il devient automatique d'y répondre et de contacter le prospect ou client en back office.

Les enjeux sont nombreux :

- image et notoriété de l'entreprise ;
- une potentielle vente ;
- fidélisation et suivi de la clientèle.

La prise de contact par la e-relation prend des formes chaleureuses, courtoises et personnalisées. Le prospect ou client est désigné par son nom, la réponse à sa question est la plus précise et pertinente possible. Une proposition de contact par téléphone ou un rendez-vous client est la plupart du temps proposé.

RESSOURCE 2 EXTRAIT DE COMMENTAIRES D'UNE PUBLICATION INSTAGRAM

Noria_B : « Très belle voiture. »

Flavien.P : « Quel est le nom de cette finition s'il vous plaît? »

Biale200 : « Magnifique ! »

Saliette : « Est-il possible de faire un essai? »

FerVal : « Surprenante! »

VivaPar : « La couleur est incroyable. »

Viaponi : « @Gina tu as vu cette couleur? »

Activité 2 PRENDRE CONTACT EN FACE-À-FACE

Suite à cette prise de contact *via* le réseau Instagram, l'internaute @Saliette a convenu d'un rendez-vous à la concession. Il s'agit de Mme Salib Ghislaine, elle souhaite avoir quelques informations sur ce modèle et faire un essai du véhicule.

À partir de la **ressource 3** et de vos expériences antérieures en entreprise :

2.1 **Préparer** votre prise de contact avec Mme Salib.

Éléments de dialogue	Comportement et attitude
....	....
....	....
....	....
....	....
....	....
....	....
....	....
....	....
....	....

RESSOURCE 3 — LA RÈGLE DES 4 × 20

Les 20 premiers mouvements : soyez sûr de vous, ayez une attitude et une démarche naturelle.

Les 20 centimètres du visage : regardez votre client droit dans les yeux et soyez souriant.

Les 20 premiers mots : formulez une phrase de présentation et intéressez-vous à votre client. S'il s'agit d'un rendez-vous, rappelez le motif de celui-ci.

Les 20 premières secondes : elles déterminent et conditionnent le reste de la relation, alors soyez confiant.

Activité 3 — QUESTIONNER LE CLIENT

Dans le cadre de la première semaine de découverte, M. Ricolli souhaite vous initier au questionnement, phase très importante de l'entretien de vente.

À partir de la **ressource 4** et de vos compétences :

3.1 **Expliquer** la phase de découverte du client.

....

....

3.2 **Donner** l'intérêt de cette phase de découverte.

....

....

3.3 **Indiquer** ce qu'est une découverte du client réussie.

....

....

RESSOURCE 4 — LA PHASE DE QUESTIONNEMENT

Beaucoup de vendeurs ne prennent pas le temps de déterminer les besoins et préoccupations de leurs clients et prospects. Ils se cantonnent principalement à l'énumération des caractéristiques et qualités de leurs produits. Ils encaissent leurs objections sans véritablement les traiter et finissent par « rater » leurs ventes.

Aujourd'hui, rien n'est plus important que l'écoute, l'analyse des besoins, la compréhension des motivations d'achats et les préoccupations des clients. Il est donc avantageux pour le vendeur de déterminer avec précision les besoins du client, c'est ce qui lui permettra d'avancer vers la « vente ».

La phase dite de « découverte » du client est donc capitale pour la réussite de l'entretien. La découverte des besoins du client se fait par un questionnement en entonnoir, le vendeur doit poser une série de questions, des plus ouvertes aux plus fermées.

Ainsi, lorsque le vendeur aura cerné les besoins précis du client, il pourra préparer un argumentaire en fonction de ses mobiles d'achat. Une découverte du client réussie, c'est aussi un meilleur traitement des objections.

Activité 4 — PRÉPARER UN PLAN DE DÉCOUVERTE

Aujourd'hui, vous recevez, avec M. Ricolli, un client en fin d'après-midi. Votre tuteur vous demande de préparer une liste de questions à administrer au client afin de déterminer ses besoins.

À partir des **ressources 5** et **6** et de vos compétences :

4.1 **Préparer** le plan de découverte du client en utilisant des types de questions différents pour chaque thème.

4.2 **Préciser** à quel mobile d'achat correspond chaque question.

Thèmes	Types de question	Questions à poser	Mobiles d'achat
Modèle de voiture	....	....	....
Options	....	....	....
Design	....	....	....

→

Budget/Prix	....	....	....
Couleur	....	....	....
Intérieur	....	....	....
Type de carburant	....	....	....

RESSOURCE 5 LES DIFFÉRENTS TYPES DE QUESTIONS

Types de questions	Objectifs	Exemples
Question ouverte	Pour inviter au dialogue, donne toute liberté, nécessite du temps.	Commence par : que?, quoi?, pourquoi?, comment? quand?... *Exemple : Quelle qualité attendez-vous d'une voiture?*
Question fermée	Pour obtenir des informations précises, permet de recentrer, donne peu d'informations et nécessite de poser beaucoup de questions.	Commence par un verbe et permet d'obtenir un oui ou un non. *Exemple : Vous êtes d'accord avec moi?*
Question alternative	Provoque un choix, permet de guider, orienter la réponse.	*Exemple : Vous préférez le diesel ou l'essence?*
Question suggestive	Pour influencer ou tester la position de l'autre, faire découvrir l'intérêt de notre offre.	*Exemple : Que pensez-vous de cet intérieur cuir?*
Question de relais	Pour approfondir et relancer une explication.	La question est élaborée en fonction de la réponse du client. *Exemple : Je veux acheter une voiture qui dure/Qu'entendez-vous par « qui dure » ?*
Question silence	Pour faire parler le client plus en profondeur.	Garder le silence après l'expression du client. Hocher la tête.
Question ricochet	Permet de faire rebondir le dialogue, de progresser dans la recherche des attentes du client.	*Exemple : Mais encore... ? Vraiment... ? C'est-à-dire... ? Ah bon... ?*
Question de reformulation	Permet une écoute maximum.	*Exemple : Donc vous me dites que vous préférez les boîtes automatiques?*

RESSOURCE 6 DOCUMENTS ENTREPRISE

https://eqrco.de/a/MEuyll

Activité 5 POUR ALLER PLUS LOIN

Monsieur Ricolli vous félicite pour le plan de découverte élaboré précédemment et souhaite maintenant vous initier à une technique très utilisée dans le domaine de la vente.

À partir des **ressources 7** et **8** et de vos compétences :

5.1 **Proposer** une question d'engagement du client.

....

....

....

RESSOURCE 7 LES QUESTIONS D'ENGAGEMENT

Lorsque le client a reconnu l'existence d'un besoin, vous devez manifester la volonté de le satisfaire. Notre argumentaire commence à s'amorcer. Pour que la vente ait des chances d'aboutir, une dernière étape est nécessaire : il s'agit de la question d'engagement qui va faire en sorte que le client s'engage à acheter le produit ou service. Ceci est une technique d'influence qui vise à créer, chez le client, les conditions psychologiques qui l'obligeront à respecter ses engagements oraux.

Ce type de question se pose toujours de cette manière :

- « Si je vous propose *(la réponse au besoin)*, est-ce que nous collaborons ensemble ? »
- « Si je vous apporte *(le produit)*, est-ce que vous le prenez ? »

En répondant « oui », le client signe un contrat moral qu'il lui sera très difficile de dénoncer si vous lui apportez une solution effective.

RESSOURCE 8 SITUATION CLIENT

C'est vrai que cette voiture est vraiment adaptée à mes besoins. Elle est bien équipée, elle se gare facilement et la couleur est très tendance. Cependant, le prix me freine quelque peu... Je dois y réfléchir à tête reposée.

Point d'étape

Je fais le point sur mon degré de maîtrise

MINI

Bloc de compétences Bloc 4B Prospecter la clientèle et valoriser l'offre commerciale

Compétence concernée : ....

→ Traiter les **activités** dans l'ordre.

→ Les cocher au fur et à mesure. ☑

Mes activités

- ❑ **ACTIVITÉ 1 :** Prendre contact à distance ou en e-relation
- ❑ **ACTIVITÉ 2 :** Prendre contact en face à face
- ❑ **ACTIVITÉ 3 :** Questionner le client
- ❑ **ACTIVITÉ 4 :** : Préparer un plan de découverte
- ❑ **ACTIVITÉ 5 :** Pour aller plus loin

→ Page 83

J'ACCÈDE AU DIAPORAMA

JE TESTE MES CONNAISSANCES

Mon score : ....

Travail à rendre

- ❑ Le point d'étape
- ❑ La synthèse

Je dépose cette séquence dans mon e-portfolio

❑ Oui ❑ Non

Je m'auto-évalue

Ce que j'ai réussi :

- ....
- ....

Ce que je dois encore travailler :

- ....
- ....
- ....

Ce que je retiens de la séquence

- Mots clés : ....

....

....

- Idées principales : ....

....

....

09 CHOCOLATERIE DE MARLIEU

COMPÉTENCE VISÉE

4B.3 Mettre en œuvre une opération de prospection

OBJECTIF

- Construire une argumentation adaptée aux besoins du client

SAVOIRS ASSOCIÉS

- Les produits et services au sein d'une gamme
- Le cycle de vie du produit et/ou du service
- Les caractéristiques commerciales et techniques des produits et des services
- L'offre produits-services
- Les avantages concurrentiels
- Les composantes de l'argumentaire et leur exploitation dans le cadre de la prospection
- L'élaboration d'un plan de réponse aux objections et son adaptation au contexte de prospection

QUIZ 09 https://eqrco.de/a/HjSUri

DIAPORAMA 09 https://eqrco.de/a/5fLejH

DE MARLIEU
Chocolaterie Familiale depuis 1906

Identité de l'entreprise

Nom de l'enseigne :
CHOCOLATERIE DE MARLIEU

Activité :
Fabrication et vente de chocolats traditionnels

Adresse :
241 Chemin de Grand Fontaine
38490 Chimilin

Site : www.marlieu.fr

Nom du responsable :
M. Kirsh, vendeur représentant

Votre situation professionnelle

Vous êtes en période de formation en milieu professionnel avec M. Kirsh, vendeur représentant placier pour la CHOCOLATERIE DE MARLIEU (38).

Dans le cadre de la fête de Pâques, il a besoin que vous prospectiez de nouveaux clients sur la région parisienne. Il souhaite que vous travailliez plus particulièrement sur l'argumentation, étape très importante de la vente. Il vous faut donc connaître parfaitement l'entreprise et les caractéristiques de ses produits.

Votre mission

M. Kirsch vous a remis de la documentation sur la CHOCOLATERIE DE MARLIEU afin de vous permettre d'étudier en détail les caractéristiques de l'entreprise et ses produits.

Activité 1 CARACTÉRISER L'ENTREPRISE ET SES PRODUITS

M. Kirsch vous remet de la documentation sur la CHOCOLATERIE DE MARLIEU afin d'étudier en détail les caractéristiques de l'entreprise et ses produits.

À partir de la **ressource 1** et de la **vidéo** :

1.1 Retrouver les avantages et forces de la CHOCOLATERIE DE MARLIEU.

....

....

....

....

1.2 Identifier l'atout majeur de la CHOCOLATERIE DE MARLIEU.

....

1.3 Préciser l'avantage pour un client d'acheter du chocolat artisanal.

....

....

....

RESSOURCE 1 LA CHOCOLATERIE DE MARLIEU

DE MARLIEU
Chocolaterie Familiale depuis 1906

114 ANS

PÂQUES PRINTEMPS

PME Familiale Française et Centenaire entre Traditions et Modernité

- ✓ *Des recettes artisanales et traditionnelles.*
- ✓ *Une large gamme de gourmandises à tous les prix.*
- ✓ *Pour offrir des cadeaux qui font vraiment plaisir.*
- ✓ *Une livraison directe depuis votre chocolaterie.*
- ✓ *Moulage 100 % pur beurre de cacao.*
- ✓ *Décorés à la main.*

Chère Madame
Cher Monsieur,

La magie de Pâques va bientôt remplir les cœurs des petits enfants et des grands enfants !

Cette année, la Chocolaterie DE MARLIEU va enrichir sa collection chocolatée avec un nouveau lapin trop mignon, garni de friandises.

L'équipe des chocolatiers DE MARLIEU prend soin de fabriquer et décorer ses moulages à la main avec une tradition centenaire et en coulant du chocolat 100 % pur beurre de cacao.

Vite, préparez-vous la chasse aux œufs va bientôt commencer : que la fête de Pâques perdure et vous régale toujours autant !

Pierre de PARCSAU
Arrière-Petit-Fils du Fondateur en 1906

Complément vidéo :

https://eqrco.de/a/YuUbGz

À partir de la **ressource 2** et de vos compétences :

1.4 **Lister** les caractéristiques de la référence L21.

Nom du produit :		
Référence :	Dimension :	Poids : ....
Prix :	Type de chocolat :	Garnissage : ....

1.5 **Classer** les produits en indiquant s'il s'agit d'une caractéristique commerciale ou technique.

Caractéristiques commerciales	Caractéristiques techniques
•	• ....
•	• ....
•	• ....

RESSOURCE 2 — LES PRODUITS DE LA CHOCOLATERIE DE MARLIEU (EXTRAIT DE CATALOGUE)

Activité 2 — CONSTRUIRE UN ARGUMENT

Maintenant que vous savez repérer les caractéristiques d'un produit, Monsieur Kirsh souhaite vous initier à la construction de l'argumentation. Pour cela, il existe plusieurs méthodes.

À partir des **ressources 3** et **4** et de vos compétences :

2.1 **Lister** les caractéristiques de ce produit et les **transformer** en avantages pour le client.

Caractéristiques	Avantages
....	....
....	....
....	....
....	....
....	....

Votre responsable vous demande maintenant de montrer qu'il s'agit bien d'avantages pour le client.

2.2 **Associer** chacun des avantages à la preuve qui lui correspond.

Avantages	Preuves
....	Dégustation
....	Catalogue/Documentation
....	Comparaison avec la concurrence
....	Témoignage

RESSOURCE 3 — LA MÉTHODE CAP

1	2	3
Citer la caractéristique du produit.	Transformer la caractéristique du produit en « **A**vantage » pour le client.	**P**rouver l'avantage par une démonstration, une dégustation ou de la documentation.

RESSOURCE 4 — LA NOUVEAUTÉ : LE « PETIT LAPIN »

Lapin en chocolat de 120 grammes fabriqué selon les recettes traditionnelles et artisanales de la CHOCOLATERIE DE MARLIEU. Un chocolat de qualité car 100 % pur beurre de cacao et sans matière grasse végétale hydrogénée.
Il est garni de 20 grammes de friandises très appréciés par les petits et grands et il existe en trois parfums différents. Une remise exceptionnelle de 10 % sur le prix de base, 7,45 € au lieu de 8,30 €.

Monsieur Kirsh souhaite que vous l'accompagniez en rendez-vous client avec le comité d'entreprise de la société Air France.

Ils viennent de finir un contrat avec un fournisseur concurrent, c'est l'occasion pour la CHOCOLATERIE DE MARLIEU de les convaincre de se fournir chez eux. Afin de préparer ce rendez-vous, votre tuteur vous demande de préparer une argumentation adaptée selon la méthode SONCASE.

À partir de la **ressource 5** et de vos compétences :

2.3 **Retrouver** à quel mobile d'achat correspond chaque argument.

Mobiles d'achat	Arguments
....	Grâce à la vente directe, les intermédiaires sont supprimés et donc les produits sont moins chers que dans le commerce traditionnel.
....	Depuis 1906, la CHOCOLATERIE DE MARLIEU, entreprise familiale, fabrique des chocolats traditionnels de haute qualité.
....	Un chocolatier que vous découvrez avec une gamme très complète.
....	Du chocolat de haute qualité pour des connaisseurs.
....	Je viens jusqu'à vous pour vous la présenter. Pas besoin de courir les magasins...
....	Ainsi vous ferez plaisir à tous vos employés et leurs enfants.

RESSOURCE 5 LA MÉTHODE SONCASE

Le client achète un produit selon ses besoins mais aussi selon des mobiles d'achat.

Mobiles d'achat	Explications
Sécurité	Le client a besoin d'être rassuré sur la qualité du produit.
Orgueil	Besoin d'être valorisé, d'avoir mieux, d'avoir plus.
Nouveauté	Posséder un nouveau produit, une innovation, un produit unique.
Confort	Besoin de confort, d'un produit simple d'utilisation, pratique.
Argent	Besoin de réaliser une économie, faire un bon investissement, rechercher un bon rapport qualité/prix.
Sympathie	Besoin de se faire plaisir ou faire plaisir aux autres, se sentir aimé.
Environnement	Le client veut faire un « achat raisonné et raisonnable ».

Monsieur Kirsh vous demande maintenant de consulter le **site internet** de l'entreprise afin de choisir le produit de votre choix et de construire une argumentation structurée en mettant en avant quatre mobiles d'achat.

https://eqrco.de/a/atAGG1

2.4 **Construire** votre argumentation à partir des informations fournies et du travail déjà réalisé.

Mobiles	Caractéristiques	Avantages	Preuves
....	....	....	....
....	....	....	....

➜

....	....	....	....
....	....	....	....

La CHOCOLATERIE DE MARLIEU a reçu deux nouveautés dans son assortiment. Avant de les intégrer à l'assortiment en ligne sur le site, votre tuteur vous demande de créer la fiche de présentation commerciale. Celle-ci doit mettre en avant les arguments permettant d'inciter et de déclencher l'acte d'achat du client.

À partir de la **ressource 6** et de vos compétences :

2.5 **Créer** l'argumentation devant figurer sur la fiche commerciale. Celle-ci doit comprendre au minimum deux arguments.

Fiches commerciales

Pâte à tartiner	Tablette de chocolat sans sucre
....	....

RESSOURCE 6 LES FICHES TECHNIQUES

 PÂTE À TARTINER	Type de chocolat	Lait
	Ingrédients	Noisettes (40 %) - Chocolat Noir (24 %) Ingrédients : NOISETTES* d'Italie, chocolat noir* à 73 % de cacao (masse de cacao*, sucre de canne brut*, beurre de cacao*, poudre de cacao*, poudre de vanille*), sucre de canne roux*, huile de colza* *Issus de l'agriculture biologique
	Chocolat Noir	Non
	Chocolat Lait	Oui
	Chocolat Blanc	Non
	Praliné	Oui
	Alcool	Non
	Taille de boîte	Ø 8 cm
	Énergie (Kj)	2593
	Matières grasses (g)	50
	dont sucres (g)	25
	Sel	0,20 mg
	Énergie (kcal)	625
	BIO	Oui
	Poids du produit	0,2 kg
 TABLETTE DE CHOCOLAT SANS SUCRE	Type de chocolat	Noir
	Ingrédients	Pâte de cacao, édulcorant : maltitol, beurre de cacao, émulsifiant : lécithine de SOJA, arôme naturel de vanille. Chocolat pur beurre de cacao.
	Chocolat Noir	Oui
	Taille de boîte	15.5 x 7,5 cm
	Traces possibles de	Fruits à coques et lait
	Énergie (Kj)	2000
	Graisses saturées (g)	23
	Énergie (kcal)	478
	Poids du produit	0,085 kg

Activité 3 RÉPONDRE AUX OBJECTIONS DU CLIENT

Suite à vos rendez-vous client avec Monsieur Kirsh, vous vous êtes rendu compte qu'à de nombreuses reprises au moment de l'achat, les clients hésitent, veulent réfléchir avant d'acheter ou vous font des remarques sur le prix, la qualité du produit, la livraison ou encore la fabrication.
Il n'est pas toujours simple d'y répondre et votre tuteur vous demande de développer vos compétences à ce sujet.

3.1 **Identifier** les objections du client.

....

3.2 **Expliquer** comment Monsieur Kirsh répond aux objections du client.

....

....

....

RESSOURCE 7 — EXTRAIT DE L'ENTRETIEN AVEC LA SOCIÉTÉ AIR FRANCE

M. Kirsh : Bonjour Monsieur, alors si j'ai bien compris nos produits vous intéressent ?

Client : Bonjour, oui tout à fait nous venons de finir notre contrat avec Jeff De Bruges et nous souhaitons changer de fournisseur.

M. Kirsh : La CHOCOLATERIE DE MARLIEU a plus de 114 ans d'expérience dans la fabrication du chocolat, nos recettes sont traditionnelles et le chocolat est fait dans notre propre usine à Chimilin. Nous utilisons du pur beurre de cacao à 100 % et nous avons au moins 60 chocolats différents.

Client : Votre nom ne me dit rien…

M. Kirsh : Et pourtant nous sommes le fournisseur principal de la Mairie de Paris depuis plus de trois ans et c'est plus de 500 000 boîtes de chocolats tous les ans pour leurs retraités.

Client : Vous êtes une petite entreprise familiale, je ne sais pas si vous avez assez de références…

M. Kirsh : Nous avons plus de 130 références et un choix très large. Nous proposons des ballotins, des douceurs, des sachets de friandises, des étuis, kits ou boîtes. De plus, nos parfums sont très variés en fonction des goûts de chacun.

Client : Nous offrons chaque année un kit de Pâques pour les enfants de nos employés…

M. Kirsh : Cela tombe très bien nous faisons un kit de Pâques et sa boîte goûter à personnaliser. Ce kit composé d'une petite poule lait avec ses friandises, sucette chocolat lait, 2 parapluies chocolat lait et deux œufs pliés. Tout cela pour 17,65 €.

Client : 17,65 € c'est cher comparé à notre ancien fournisseur !

M. Kirsh : Nous proposons du chocolat d'une qualité bien supérieur et n'oublions pas que nous ne sommes pas distributeur mais fabricant de chocolat. Cela n'est pas négligeable, nos recettes sont uniques et artisanales. Nos chocolats sont introuvables en grande distribution.

Client : Je vais en parler avec mes supérieurs avant de prendre la décision.

M. Kirsh : Bien sûr, c'est tout à fait normal.

Monsieur Kirsh vous explique qu'il existe différents types d'objections, il vous donne les détails dans la **ressource 8**.

3.3 **Cocher** dans le tableau ci-dessous la nature des objections rencontrées par Monsieur Kirsh.

Objections des clients	Natures des objections		
	Sincères fondées	Sincères non fondées	Non sincères
« Le prix est beaucoup plus élevé que chez Jeff de Bruges. »	❐	❐	❐
« Je ne connais pas vos chocolats. »	❐	❐	❐
« J'ai déjà un fournisseur. »	❐	❐	❐
« Je préfère réfléchir. »	❐	❐	❐
« Je préfère acheter en magasin. »	❐	❐	❐

RESSOURCE 8 LA NATURE DES OBJECTIONS

Types d'objections		Caractéristiques	Comment y répondre
Objections sincères	Fondées	L'objection est réellement fondée et freine le client dans son acte d'achat.	Mettre en avant d'autres avantages du produit ou de la marque.
	Non fondées	Le client exprime une objection infondée soit par manque d'information, soit par préjugé.	Donner des éléments de preuves, des témoignages ou faire une démonstration afin de convaincre le client du contraire.
Objections non sincères		Le client ne souhaite pas réellement acheter le produit. Il souhaite échapper à l'entretien.	Questionner le client afin de déterminer le réel frein et y répondre.

Activité 4 TRAITER LES OBJECTIONS

Maintenant que vous êtes capable de cibler les objections du client, Monsieur Kirsh souhaite vous préparer au traitement des objections. Cela vous permettra d'anticiper les prochains rendez-vous clients et d'être donc plus efficace.

À partir de la documentation transmise par votre responsable, du padlet et du site internet de la CHOCOLATERIE DE MARLIEU :

4.1 **Traiter** les objections suivantes.

Objections types	Traitements
« Je ne connais pas vos produits. »	....
« Je me fournis déjà chez "untel". »	....
« J'ai du mal à croire que votre fabrication soit artisanale. »	....

➜

« Je ne suis pas sûr de la provenance de votre cacao. »	....
« Vos prix ont l'air vraiment excessifs! »	....
« Le choix pour les enfants est limité. »	....
« Vous dites tous que vous êtes les meilleurs. »	....

Point d'étape

Je fais le point sur mon degré de maîtrise

DE MARLIEU
Chocolaterie Familiale depuis 1906

DE MARLIEU

Bloc de compétences Bloc 4B Prospecter la clientèle et valoriser l'offre commerciale

Compétence concernée : ....

Traiter les **activités** dans l'ordre.

Les cocher au fur et à mesure. ☑

Mes activités

- ❑ **ACTIVITÉ 1 :** Caractériser l'entreprise et ses produits
- ❑ **ACTIVITÉ 2 :** Construire un argument
- ❑ **ACTIVITÉ 3 :** Répondre aux objections du client
- ❑ **ACTIVITÉ 4 :** Traiter les objections

→ Page 91

J'ACCÈDE AU DIAPORAMA

JE TESTE MES CONNAISSANCES

Mon score : ....

Travail à rendre

- ❑ Le point d'étape
- ❑ La synthèse

Je dépose cette séquence dans mon e-portfolio

❑ Oui ❑ Non

Je m'auto-évalue

Ce que j'ai réussi :

- ....
- ....

Ce que je dois encore travailler :

- ....
- ....
- ....

Ce que je retiens de la séquence

- Mots clés : ....

....

....

- Idées principales : ....

....

....

10 CHOCOLATERIE DE MARLIEU

COMPÉTENCE VISÉE

4B.3 Mettre en œuvre une opération de prospection

OBJECTIFS

- Conclure
- Prendre congé

SAVOIRS ASSOCIÉS

- Les techniques de questionnement, d'écoute active, de reformulation, de présentation et d'argumentation d'une offre, de réponse aux objections et de conclusion
- Les techniques d'adaptation de la communication

QUIZ 10

https://eqrco.de/a/hMTDPx

DIAPORAMA 10

https://eqrco.de/a/bSVtjq

Identité de l'entreprise

Nom de l'enseigne :
CHOCOLATERIE DE MARLIEU

Activité :
Fabrication et vente de chocolats traditionnels

Adresse :
241 Chemin de Grand Fontaine
38490 Chimilin

Site : www.marlieu.fr

Nom du responsable :
M. Kirsh, vendeur représentant

Votre situation professionnelle

Vous êtes toujours en période de formation en milieu professionnel avec M. Kirsh, vendeur représentant placier pour la CHOCOLATERIE DE MARLIEU (38).

Votre mission

M. Kirsh a un rendez-vous clientèle, il souhaite que vous l'accompagniez.

Activité 1 — L'ART DE CONCLURE

M. Kirsch souhaite maintenant vous former à la conclusion de la vente. Il souhaite vous initier au repérage des signaux d'achat.

RESSOURCE 1 — QUAND FAUT-IL CONCLURE ?

La conclusion de la vente est une phase généralement redoutée par les commerciaux. La réponse négative est une grande peur et la recherche d'indices sur le choix du client est parfois laborieuse. Le commercial ne doit en aucun cas montrer de peur à ce sujet et doit diriger l'entretien de vente. À lui de cerner les signaux d'achat et de lancer la conclusion de vente.

Les signaux sont nombreux et prennent souvent la forme d'une question ou d'une réflexion :

- l'avis d'une tierce personne pour avoir son avis sur les produits et services. ce signal signifie : « je suis intéressé mais j'ai besoin d'un avis afin d'être rassuré » ;
- le silence : le client se pose la question de l'achat, il faut conclure rapidement avant qu'il n'appose une objection ;
- la question d'une remise et autres avantages. Le client souhaite passer à l'achat mais souhaite obtenir un maximum d'avantages ;
- la question de la livraison : le client se voit déjà avec le produit.

Les signaux sont aussi non-verbaux :

- hochements de tête;
- silence;
- dégustation;
- manipulation du produit;
- lecture de notice.

Vous accompagnez M. Kirsh à un entretien avec une entreprise qui cherche à offrir des ballotins aux enfants de ses employés.

1.1 Relever les signaux d'achat de la cliente.

Signaux verbaux	....
Signaux non verbaux	....

RESSOURCE 2 — ENTRETIEN DE VENTE AVEC Mme ISSÉLA

M. Kirsh : Comme je vous l'ai dit, le lapin garni est très apprécié des jeunes enfants. De plus, il existe en plusieurs parfums.
Mme Isséla : De quoi est-il garni ?
M. Kirsh : Il est garni de 20 grammes de friandises fabriquées également chez nous et selon nos recettes artisanales et traditionnelles.
Mme Isséla : Quel parfum avez-vous ?
M. Kirsh : Nous proposons le chocolat noir, le chocolat au lait et le chocolat blanc. Les plus appréciés sont le chocolat au lait et le chocolat blanc.
Mme Isséla : *(Silence)*.
M. Kirsh : Puis-je vous faire goûter ?
Mme Isséla : Avec plaisir oui… (Sourire)

→

RESSOURCE 2 (SUITE)

Dégustation…

Mme Isséla : Quel est le prix à l'unité ? C'est vrai que ce chocolat est bon…

M. Kirsh : 8,30 € le lapin de 120 grammes.

Mme Isséla : Il est possible d'obtenir une remise ?

M. Kirsh : Il y a justement une remise actuelle de 10 %, le lapin vous reviendra à 7,45 €.

Mme Isséla : En ce qui concerne la livraison, combien cela va me coûter ?

M. Kirsh : La livraison est gratuite ! Combien de pièces vous faut-il ?

Mme Isséla : Environ 200 pièces.

1.2 Proposer une conclusion à la vente de Mme Isséla avec la technique de votre choix.

Technique utilisée	....
Proposition	....

RESSOURCE 3 COMMENT CONCLURE ?

Techniques de conclusion	Explications
Conclusion directe	C'est la technique la plus utilisée et la plus simple. C'est en général l'aboutissement naturel d'un bon entretien de vente. Dès que les signaux de vente sont repérés, il convient de proposer au client l'encaissement ou la commande. *Exemple :* *- Cela vous convient ? Vous le prenez ?* *- Je vous propose de compléter le bon de commande.* *- Proposer l'encaissement.*
Conclusion alternative	Proposer une alternative qui forcera le client à concrétiser la vente. *Exemple :* *- Vous souhaitez commander les lapins au lait ou au chocolat blanc ?* *- Vous souhaitez être livré en début ou fin de mois ?* *- Vous payez de suite ou à la réception ?*
La vente présumée	Elle ne laisse aucune alternative au client. La vente est acquise, il faut évoquer directement la signature du bon de commande ou la livraison. *Exemple :* *- Je vous fais livrer votre commande cette semaine ?* *- Il n'y a plus qu'à signer le bon de commande.*

Mme Isséla a décidé de passer commande pour 200 pièces, il vous faut maintenant réaliser le bon de commande.

1.3 Réaliser le bon de commande de Mme Isséla.

241 chemin de Grand Fontaine
38490 Chimilin
Téléphone : 0476666000

Nom :
Nom société :
Adresse :
Ville :

BON DE COMMANDE

Référence	Désignation	Quantité	Prix de vente unitaire HT	Montant HT
			Total HT	
			Montant TVA	
			Total TTC	

Type de paiement :
Date de livraison :

Date : Signature client :

1.4 Détailler vos calculs pour les éléments suivants :

Prix de vente unitaire HT	....
Montant de TVA	....

RESSOURCE 4 INFORMATIONS COMMANDE

Référence	Z13
Désignation	Lapin friandises au lait
Quantité	200
Taux de TVA	20 %
Prix de vente TTC avec remise	7,45 €

RESSOURCE 5 FICHE CLIENT

Nom société	FSL Communication
Interlocuteur/Décisionnaire	Mme Isséla
Adresse	34 rue de la bouteille 9380 Louvres
Téléphone **E-mail**	0755555555 Isséla@fslcommunication.fr
Commande précédente	/

Activité 2 PRENDRE CONGÉ

Après avoir conclu la vente avec Mme Isséla, il faut maintenant prendre congé. M. Kirsh vous explique l'importance de la prise de congé ainsi que les règles à respecter.

2.1 Relever les règles principales de la prise de congé.

2.2 Proposer une prise de congé avec Mme Isséla.

Proposition de prise de congé	Attitude non verbale

RESSOURCE 6 LES EXPLICATIONS DE M. KIRSH

« La prise de congé est aussi importante que la prise de contact. En clôturant la vente et en partant, il faut laisser une bonne image de nous et de l'entreprise. Il faut féliciter le client pour son achat, cela a pour principe de le rassurer.

Il faut aussi le remercier et lui laisser notre carte de visite. Cela l'incitera à revenir vers nous pour de futurs achats. Lui rappeler que vous restez à sa disposition pour toutes informations complémentaires et que vous le recontacterez le jour de la livraison pour vous assurer de la bonne réception de sa commande.

Le saluer avec le sourire et une poignée de main. La prise de congé est la dernière étape de la vente mais la première étape de la fidélisation. »

Point d'étape

Je fais le point sur mon degré de maîtrise

DE MARLIEU
Chocolaterie Familiale depuis 1906

DE MARLIEU

Bloc de compétences Bloc 4B Prospecter la clientèle et valoriser l'offre commerciale

Compétence concernée : ....

→ Traiter les **activités** dans l'ordre.

→ Les cocher au fur et à mesure. ☑

Mes activités

❑ **ACTIVITÉ 1 :** Conclure la vente

❑ **ACTIVITÉ 2 :** Prendre congé

→ Page 103

J'ACCÈDE AU DIAPORAMA

JE TESTE MES CONNAISSANCES

Mon score : ....

Travail à rendre

❑ Le point d'étape

❑ La synthèse

Je dépose cette séquence dans mon e-portfolio

❑ Oui ❑ Non

Je m'auto-évalue

Ce que j'ai réussi :

- ....
- ....

Ce que je dois encore travailler :

- ....
- ....
- ....

Ce que je retiens de la séquence

- Mots clés : ....

....

....

- Idées principales : ....

....

....

11 DELTA FROID

COMPÉTENCE VISÉE

4B.4 Suivre et évaluer l'action de prospection

OBJECTIFS

- Traiter et exploiter les contacts obtenus lors d'une opération de prospection
- Mettre à jour le fichier prospects et le système d'information mercatique

SAVOIR ASSOCIÉ

- Les documents de suivi d'une visite

QUIZ 11 https://eqrco.de/a/SpnS5w

DIAPORAMA 11 https://eqrco.de/a/CZLtFY

Identité de l'entreprise

Nom de l'enseigne :
DELTA FROID

Activité :
Créée en 1993, cette société experte en solutions techniques dans le domaine du chauffage, de la climatisation et de la réfrigération, accompagne ses clients professionnels dans la recherche continue de la réduction des consommations d'énergie.

Adresse :
30 avenue des Frères Lumière
93370 Montfermeil

Nom du responsable :
Cyrille Nicolas

Votre situation professionnelle

Vous êtes employé(e) en tant que stagiaire au service commerciale de la société DELTA FROID située à Montfermeil (93). Cette société est spécialisée dans la vente de climatiseurs et installations. Votre tuteur, M. Cyrille Nicolas, est responsable des ventes.

Votre mission

Votre mission principale est de développer le portefeuille clients. M. Nicolas vous remet des ressources sur le fichier clients afin d'analyser son importance pour la prospection et le suivi de la clientèle.

Activité 1 EXPLOITER UN FICHIER

À partir de la **ressource 1** et de vos compétences :

1.1 Expliquer l'utilité d'un fichier clients.

1.2 Préciser les types d'information que l'on retrouve ainsi que les possibilités d'actualisation offertes.

Utilité d'un fichier clients

Type de données	....	....	....	....
Sources d'information	....	....	....	....
Actualisation	....	....	....	....

1.3 Caractériser chaque information client en cochant le type de données correspondant.

RESSOURCE 1 LE FICHIER CLIENTS : OUTIL DE GESTION INDISPENSABLE

Un fichier clients ne sert à rien s'il dort dans un coin. Il s'agit d'une base de données où sont stockées toutes les informations concernant une clientèle d'une entreprise. C'est non seulement un outil commercial de premier ordre mais c'est surtout un puissant indicateur de la bonne (ou mauvaise) santé de votre entreprise. L'alimenter et le mettre à jour régulièrement est indispensable.

Les données à récolter sont de 4 types :

- personnelles ou descriptives (nom, âge, fonction dans l'entreprise, adresse, email, n° de téléphone, etc.);
- transactionnelles ou commerciales (dernier achat, type d'achat, montant, etc.);
- relationnelles (nombre de contacts, visites et suivi par quel commercial, interactions avec l'entreprise, participation aux événements & salons, etc.);
- comportementales (préférences, attitude sur les réseaux sociaux, tout détail qui permet de mieux cerner la personne).

→

RESSOURCE 1 (SUITE)

Comment ?

La récolte n'est pas l'apanage des seuls commerciaux, il peut s'agir de sources internes : informations recueillies auprès de la clientèle mais aussi des prospects rencontrés en rendez-vous ou lors de salons professionnels, et de sources externes : ont un coût mais peuvent être efficaces pour la conquête de nouveaux clients. Les sources d'information gratuites sont quant à elles limitées (exemple : les pages jaunes).

Le web est une source précieuse (demande d'information, demande de devis, abonnement, téléchargement, échanges sur les réseaux sociaux, etc.).

Les factures et toutes les données comptables fournissent de précieuses indications sur les habitudes et les comportements d'achat de vos clients.

Le service après-vente fournit lui aussi toute une série d'informations sur l'expérience client (réclamations, avis, suggestions, feedback lors d'événements).

Les actions marketing, comme un jeu concours, une enquête de satisfaction, une activité VIP, un prélancement de produit, etc. vous permettent de recueillir des informations précieuses sur les intérêts et les attentes de vos clients.

La récolte est une phase cruciale à ne jamais sous-estimer, car si votre base de données ressemble à un gruyère, vous peinerez à exploiter vos données ; vous pourriez même en tirer des conclusions erronées.

Identification des données

Informations	Données comportementales	Données relationnelles	Données personnelles	Données transactionnelles
Situation familiale				
Montant moyen des achats				
Rendez-vous client				
Nombre de visites				
Nom				

1.4 **Rechercher** sur le site suivant les obligations légales en matière de données personnelles et les sanctions encourues en cas de non-respect et **compléter** le **document « Obligations légales »**.

Site

https://eqrco.de/a/DKIFT9

Obligations légales

https://eqrco.de/a/stvcJs

Activité 2 TRAITER ET EXPLOITER UN FICHIER CLIENTS

Votre tuteur, M. Nicolas, prépare une action de communication auprès de sa clientèle. Avant de la mettre en place, il souhaite que vous mettiez à jour le fichier clients actuel. Il vous envoie un SMS.

À partir de la **ressource 2** laissée par votre tuteur :

2.1 Mettre à jour le fichier clients.

La mise à jour du fichier clients

Nom	Adresse	Coordonnées téléphoniques	Adresse e-mail	Situation familiale	Dernier contact
M. Samba	…………………… ……………………	……………	S.samaba@gmail.com	………	Visite à domicile le 13/05/N
M. Seban	…………………… ……………………	0675525363	…………………………	marié	………………
Mme Henri	…………………… ……………………	……………	H.Hamaress@yahoo.fr	célibataire	RDV bureau le 15/03/N
………	9 allée Daniel Fery 93100 Montreuil	0625533012	…………………………	………	………………
Mme Ruiz	7 rue Jules Guesdes 93100 Montreuil	0612324552	…………………………	célibataire	RDV domicile le 22/03/N

RESSOURCE 2 SMS ET POST-IT DE M. NICOLAS

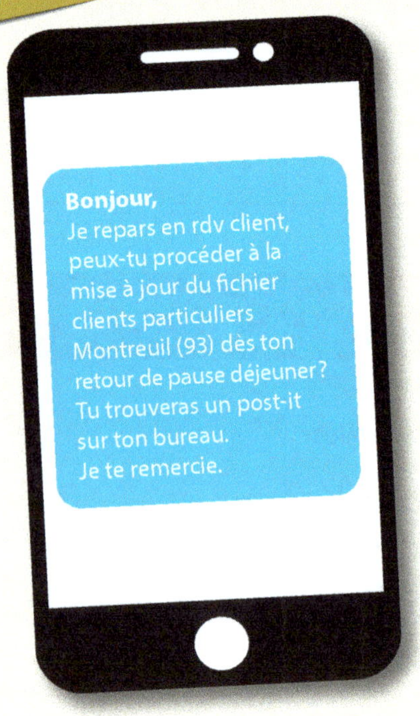

Voici les modifications que tu devras mettre à jour :

Changement d'adresse : M. Samba 46 avenue la ligues 93100 Montreuil/Mme Henri 88 bis rue Simon Dereure 93100 Montreuil/M. Seban 80 rue Estienne d'Orves 93100 Montreuil

Changement coordonnées téléphoniques : M. Samba 0680122556/Mme Henri 0678855665

Situation familiale : Mme Besse devient Mme Ricci (nom d'épouse), M. Samba s'est marié le 12/06/N

E-mail : M. Seban s.sabne@gmail.com/ M. et Mme Ricci Rimartins@gmail.com

Derniers contacts : M. et Mme Ricci rdv client 25/04/2020 M. Seban contact SMS le 26/05/N.

Seule l'adresse e-mail de Mme Ruiz ne figure pas dans le fichier clients, votre tuteur en a besoin pour une prochaine action commerciale.

À partir de la **ressource 3** et de vos compétences :

2.2 **Identifier** par quel moyen de communication il est possible de contacter Mme Ruiz afin de lui demander son adresse e-mail.

Mme Ruiz vient de répondre à la demande par SMS.

2.3 **Justifier** l'intérêt de tenir à jour un fichier clients en utilisant l'exemple de DELTA FROID.

RESSOURCE 3 — LES MODES DE CONTACT

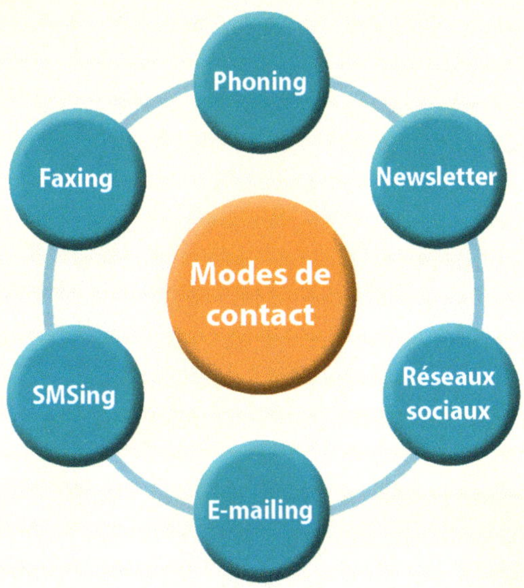

RESSOURCE 4 — RÉPONSE DE Mme RUIZ

Bonjour,
Voici mon adresse mail :
Annieruiz93100@gmail.com
À bientôt !
Mme Ruiz

Activité 3 — EFFECTUER LA REMONTÉE D'INFORMATION

À partir de la **vidéo** :

https://eqrco.de/a/HQqcLA

3.1 **Présenter** le reporting.

3.2 **Expliquer** pourquoi il s'agit d'un outil indispensable pour le manager et le commercial.

....

....

....

....

....

Activité 4 — EXPLOITER LES INFORMATIONS LIÉES À LA PARTICIPATION D'UN ÉVÉNEMENT

Vous avez participé en tant que commercial stagiaire au salon international du chauffage, du froid, de la climatisation et de la salle de bains INTERCLIMA + ELEC du 3 au 8 novembre N à Villepinte.

Vos objectifs commerciaux :
- obtenir 30 contacts chauds pour des climatisations réversibles;
- CA total en volume : 110.

À partir de la **ressource 5** et de vos compétences :

4.1 **Commenter** les résultats en comparant les résultats obtenus par la concurrence à ceux de la société DELTA FROID.

....

....

....

....

....

....

....

RESSOURCE 5 — BILAN DES VENTES DU 3 AU 8 NOVEMBRE N AU SALON INTERNATIONAL DU CHAUFFAGE DELTA FROID ET DE SON CONCURRENT PRINCIPAL

Société DELTA FROID							
Produits \ Jours	3/11	4/11	5/11	6/11	7/11	8/11	Chiffre d'affaires en volume
Clim à usage unique	2	1	0	3	6	9	21
Installation de clim	1	0	0	3	4	8	16
Clim à usage réversible	12	7	4	3	4	0	30
Installation de clim à usage réversible	10	9	7	2	2	2	32
TOTAL	25	17	11	11	16	19	99
Concurrent principal							
Produits \ Jours	3/11	4/11	5/11	6/11	7/11	8/11	Chiffre d'affaires en volume
Clim à usage unique	4	3	2	5	12	16	42
Installation de clim	4	2	2	5	10	14	37

→

RESSOURCE 5 *(SUITE)*

Clim à double fonction	10	15	15	23	27	32	122
Installation clim double fonction	8	17	22	25	35	30	137
Chauffage	20	12	6	4	5	2	49
Installation de chauffage	16	9	5	4	3	2	39
TOTAL	62	58	52	66	92	96	426

Lors du salon, plusieurs prospects ont été intéressés par vos services et produits. Vous avez pris le soin de remplir votre compte rendu de visites après chaque entretien prospect le 8/11/N lorsque vous étiez en activité autonome (**ressource 6**).

M. Nicolas vous remet la note de service sur les travaux de reporting commercial qu'il avait transmis à tous les commerciaux avant l'opération séduction au salon INTERCLIMA + ELEC (**ressource 7**).

À partir des **ressources 6** et **7** et de vos compétences :

4.2 **Réaliser** un rapport d'activité à l'aide du document fourni.

Rapport d'activité du 8 novembre N

RAPPORT D'ACTIVITÉ SALON INTERCLIMA + ELEC

COMMERCIAL(E) : .... **DATE :** ....

Type de visites	Nombre réalisé
Suivi clients	....
Prospections	....
Nouveaux clients	....

REPORT DU CA :	
Objectifs du salon :	
CA Jour 1 :	CA Jour 4 : ....
CA Jour 2 :	CA Jour 5 : ....
CA Jour 3 :	CA Jour 6 : ....

Ville	Raison sociale Adresse Nom du contact N° de téléphone	Prospect	Client	CA HT	Observations
....	....			....	....

→

(SUITE)

Ville	Raison sociale Adresse Nom du contact N° de téléphone	Prospect	Client	CA HT	Observations
....	....			....	....
....	....			....	....
....	....			....	....
....	....			....	....
....	....			....	....
....	....			....	....

4.3 **Expliquer** pourquoi il est important de compléter le rapport d'activité et de le transmettre à votre responsable.

4.4 **Rédiger** l'e-mail de transmission du rapport d'activité adressé à M. Nicolas.

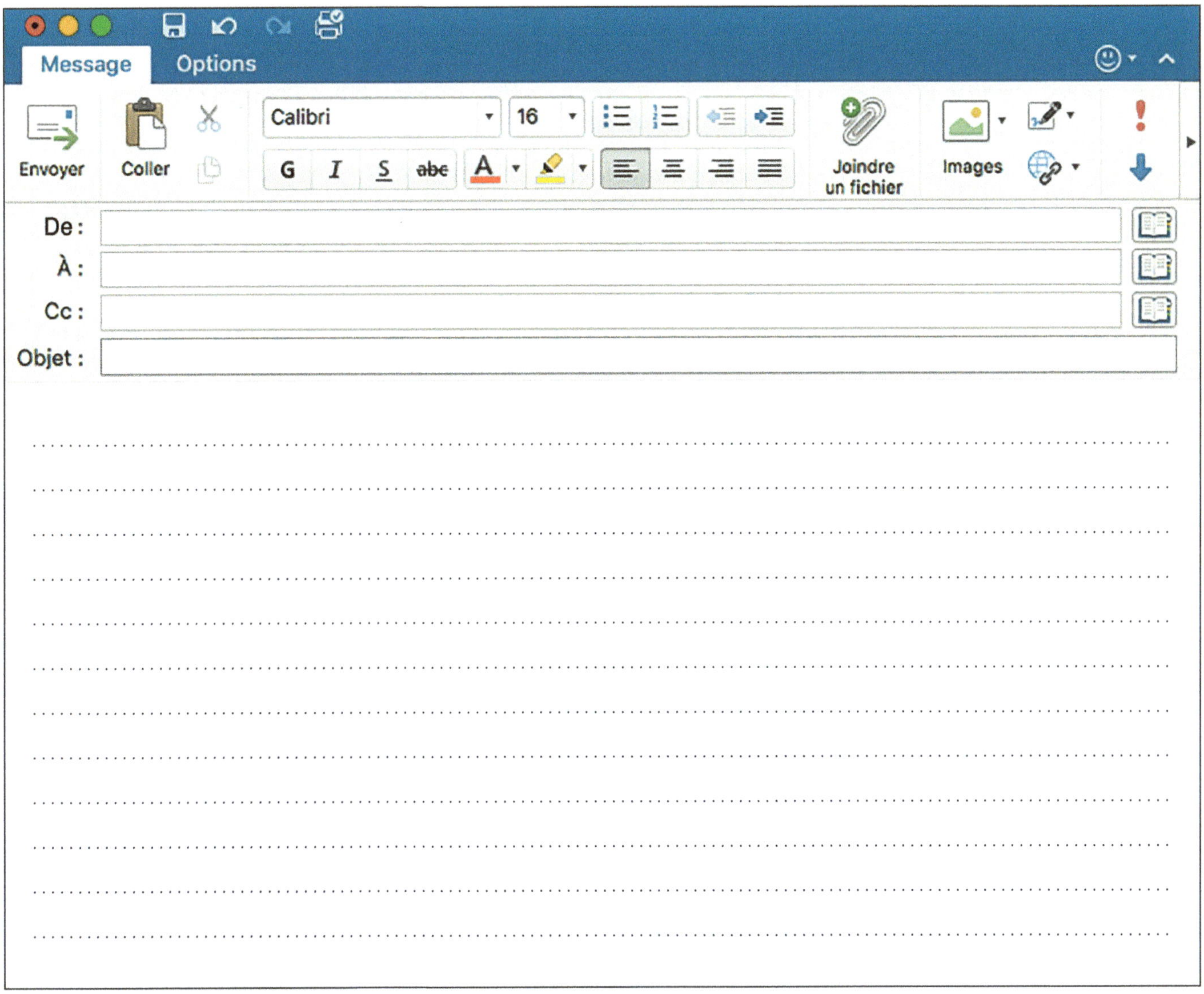

RESSOURCE 6 — COMPTE RENDU DE VISITES SUR LE SALON DU 8 NOVEMBRE N

Villes	Visites de prospection	Visites de suivi	Raisons sociales/Activités/Adresses/Téléphones	Observations
MONTREUIL-SOUS-BOIS	X		FRANPRIX Grande distribution M. RADOU 1 Place Lemorillon 93100 Montreuil	Projet climatisation réversible Intéressé pour le printemps prochain. À contacter en mars N+1.
	X		LEADER PRICE Grande distribution M. KABIR 1 Rue Place Jean Jaurès 93100 Montreuil	Projet d'installation imminent pour novembre. RDV 15 novembre N.
	X		INTERMARCHÉ Grande distribution M. MAHOUCHE 1 Avenue Paul Vaillant Couturier 93100 Montreuil	Devis climatisation réversible + installation. 45000 € HT.
	X		MERCERIE LAVILE Mercerie Mme RAMIREZ 1 Avenue Maréchal Joffre 93100 Montreuil	Pas intéressé dans l'immédiat Peu de trésorerie ouverture récente. À contacter dans 6 mois.
	X		LA BOULE Espace Multijeux M. MIKEE 1 Rue Paul Langevin 93100 Montreuil	Rappeler le gérant. Intéressé par l'installation d'une climatisation double fonction. RDV visite le 18/11/N pour établir un devis.
	X		MONOPRIX 1 Place de la Résistance 93100 Montreuil	Devis effectué 35000 € HT. Relance à faire semaine du 3 novembre.
		X	FITNESS PARK M. SAMBA 1 Avenue de Paris 93100 Montreuil	Facture éditée 36000 € HT climatisation double fonction + installation. RDV pris pour installation semaine du 4 novembre N.

RESSOURCE 7 NOTE DE SERVICE DE M. NICOLAS

À Montfermeil, le 15 octobre N

Mesdames et Messieurs les commerciaux

OBJET

- Travaux de reporting commercial
- Rédaction et transmission du rapport d'activité

NOTE DE SERVICE SPÉCIAL SALON INTERCLIMA + ELEC DU 5 AU 8/12/N - N° 289

Mesdames, Messieurs,

J'attire votre attention sur l'importance de compléter le rapport d'activité en tenant compte des préconisations suivantes.

Les entretiens face à face prospects :

Seuls les entretiens ayant fait l'objet d'une présentation, d'une argumentation, d'une commande ou d'une conclusion par une action à entreprendre auprès d'un client ou d'un prospect figureront dans le rapport d'activité.

Les informations sur chiffre d'affaires :

- l'objectif à atteindre ;
- le nombre de nouveaux prospects sur votre journée ;
- le CAHT du jour.

La transmission du rapport d'activité :

Il est envoyé par e-mail de préférence à la fin de votre journée au salon au plus tard le lendemain matin 8h30.

Merci de bien vouloir respecter les procédures.

Bien cordialement,
M. Nicolas
n.nicolas@deltaf.fr

Point d'étape

DELTA FROID

Je fais le point sur mon degré de maîtrise

Bloc de compétences Bloc 4B Prospecter la clientèle et valoriser l'offre commerciale

Compétence concernée : ....

→ Traiter les **activités** dans l'ordre.

→ Les cocher au fur et à mesure. ☑

Mes activités

- ❑ **ACTIVITÉ 1 :** Exploiter un fichier
- ❑ **ACTIVITÉ 2 :** Traiter et exploiter un fichier clients
- ❑ **ACTIVITÉ 3 :** Remonter l'information
- ❑ **ACTIVITÉ 4 :** Exploiter l'information liée à la participation d'un événement

→ Page 109

J'ACCÈDE AU DIAPORAMA

JE TESTE MES CONNAISSANCES

Mon score : ....

Travail à rendre

❑ Le point d'étape

❑ La grille d'évaluation

Je dépose cette séquence dans mon e-portfolio

❑ Oui ❑ Non

Je m'auto-évalue

Ce que j'ai réussi :

- ....
- ....

Ce que je dois encore travailler :

- ....
- ....
- ....

Ce que je retiens de la séquence

- Mots clés : ....

....

....

- Idées principales : ....

....

....

12 NEW DISCOUNT

COMPÉTENCE VISÉE

4B.4 Suivre et évaluer l'action de prospection

OBJECTIFS

- Connaître et exploiter le fichiers clients/prospects
- Qualifier la clientèle pour identifier les meilleurs clients selon diverses méthodes
- Définir les actions à mener auprès des contacts

SAVOIR ASSOCIÉ

- Les documents de suivi

FICHE OUTIL 12

https://eqrco.de/a/knlGaS
Méthodes ABC, Pareto, RFM

QUIZ 12

https://eqrco.de/a/J8TjaF

DIAPORAMA 12

https://eqrco.de/a/RSXnFp

New Discount

Votre grossiste n°1 sur la licence

Votre situation professionnelle

Vous venez d'intégrer la SARL NEW DISCOUNT à Aubervilliers pour effectuer votre PFMP 2. M. Bennichou, directeur de la société, vous explique que les commerciaux ont une clientèle exclusivement professionnelle (B to B).

M. Azer, manager commercial de la zone 2, secteur 2, arrondissement Bobigny, sera votre tuteur. Il souhaite vous sensibiliser sur l'importance de bien exploiter les informations sur la clientèle en termes de GRC (Gestion de la Relation Client). L'analyse de la clientèle permet à M. Azer de définir au plus juste les actions à mener auprès de ses contacts prospects et clients.

Identité de l'entreprise

Nom de l'enseigne :
NEW DISCOUNT

Activité : PME spécialisée dans la distribution de jouets et jeux (plus de 7 000 références).

Clients : PME et grandes entreprises, collectivités et administrations, répartis en 3 zones (Z1 province, Z2 Paris, banlieue, Z3 étranger).

Équipe commerciale : 20 commerciaux qui apportent leur soutien, savoir-faire et conseils pour être réactif.

Adresse : ZAC d'Aubervilliers en Seine-Saint-Denis

Nom du responsable :
M. Azer

Votre mission

Vous allez être chargé(e) d'étudier la clientèle de la zone 2, secteur 1, arrondissement Saint-Denis.

Activité 1 CONNAÎTRE ET EXPLOITER LE FICHIER CLIENTS

M. Azer est particulièrement embarrassé car M. Ammarouche, manager commercial zone 2, secteur 2, arrondissement de Saint-Denis, vient de déposer sa démission. Il était en charge de ce secteur depuis 5 ans, il connaissait bien ses clients mais il était peu rigoureux. Il ne mettait pas à jour régulièrement son fichier et privilégiait les notes manuscrites.

M. Azer souhaite vous confier des missions sur ce secteur et veut vous sensibiliser sur l'importance de mettre à jour un fichier clients/prospects digital.

À partir de la **ressource 1** à **4** et de vos compétences :

1.1 **Indiquer** à quoi sert un fichier clients.

....

....

....

....

1.2 **Préciser** la façon de procéder pour constituer un fichier clients pertinent et utile.

....

....

....

....

1.3 **Expliquer** l'intérêt de segmenter sa clientèle avant une opération marketing.

....

....

1.4 **Lister** les procédures de segmentation en B to B pour personnaliser les actions commerciales.

....

....

....

....

1.5 **Donner** le qualificatif d'un prospect qui a un réel besoin auquel on peut répondre. **Préciser** l'action marketing à mener avec ce type de prospect.

....

1.6 **Lister** les informations communes et différentes aux ressources 2 et 3.

....

....

....

....

1.7 **Sélectionner** les informations pertinentes pour créer la nouvelle base de données clients regroupant les secteurs 1 et 2 – zone 2.

....

....

....

....

RESSOURCE 1 — AMÉLIORER VOTRE CONNAISSANCE CLIENT EN ANALYSANT LES DONNÉES CLIENTS

Des données collectées ont besoin d'être analysées. Il est nécessaire de les étudier afin de mieux comprendre le client et, savoir exactement comment s'adresser à lui. C'est notamment ce qui vous permettra de lui proposer des opérations marketing plus efficaces et pertinentes.

Règle n° 1 : D'un puissant outil CRM, tu te doteras

On aurait aussi bien pu mettre cela en règle n° 1 : votre CRM est la pierre angulaire de votre stratégie de connaissance client. Grâce à un outil puissant et complet qui s'adapte à vos différents services et/ou interlocuteurs, vous pourrez organiser, analyser et exploiter correctement les données récoltées.

Un fichier clients doit être le plus abouti et pertinent possible. Sachant que 30 % des données deviennent obsolètes chaque année, il faut prendre le temps de le mettre à jour régulièrement, de supprimer les doublons, de remplir les informations manquantes.

Règle n° 2 : Des segments, tu créeras

Une fois les données récoltées, organisées et prêtes à être exploitées, la deuxième règle pour améliorer la connaissance client est de les exploiter correctement. Et pour ce faire, rien de mieux que la segmentation !

C'est une étape essentielle pour la réalisation d'opérations marketing pertinentes. Pourquoi ? Parce qu'elle permet de cibler différents types de consommateurs et donc d'adapter votre discours à chacun d'entre eux.

Le temps où l'on s'adressait d'une seule et même façon à l'ensemble de son fichier clients est révolu depuis longtemps. Désormais, le consommateur est à la recherche de personnalisation. Il veut que ses marques préférées lui proposent du contenu adapté à ses besoins, à ses envies, à son mode de vie.

Segmentez votre fichier clients de façon à réunir les profils similaires en fonction de vos objectifs. La segmentation peut avoir lieu, à un premier niveau, en suivant les informations déclaratives de vos clients : âge, sexe, lieu d'habitation par exemple. Mais nous vous recommandons d'aller plus loin en segmentant sur d'autres critères plus affinés tels que le montant du panier moyen (segmentation PMG : petits, moyens, gros clients), la fréquence ou la récence des achats (segmentation RFM : récence, fréquence, montant). Vous pouvez aussi segmenter en fonction de l'historique d'achat.

C'est grâce à une connaissance 360° de vos clients que vous réussirez à leur proposer ce qu'ils recherchent avec pertinence. D'où l'importance de créer des segments, ou plus généralement des profils de consommateurs, qui vous permettront de définir des comportements d'achat et de consommation à exploiter dans vos opérations marketing.

➜

RESSOURCE 1 *(SUITE)*

Qui est-ce?		Date	Actions	Conseil
 Prospect glacé	Il faut accepter le fait que votre offre ne plaise pas à tous les publics et/ou ne les concerne pas.			Il est hors cible. Donc ne perdez pas de temps à l'adresser.
 Prospect froid	Il n'est pas intéressé, pour le moment, par votre offre. Il est néanmoins important de rester dans son paysage.	Qualifier à quel moment le rappeler.	Vous devez envisager à long terme avec lui. Pensez à l'inscrire à votre newsletter pour vous rappeler à son bon souvenir. Connectez-le sur les réseaux sociaux.	Essayez de comprendre pourquoi ce client est froid et adaptez votre offre pour le convertir.
 Prospect tiède	Il a intérêt pour le produit et/ou le service qui peut se transformer en besoin à moyen ou long terme.	Déterminer avec lui le détail le plus opportun pour une reprise de contact.	Vous devrez envisager une relation à moyen terme avec lui. Pensez à l'inscrire à votre newsletter. Connectez-le sur les réseaux sociaux. Appelez-le régulièrement.	Entretenez la relation et la communication sur les besoins que vous avez identifiés.
 Prospect chaud	Il a un vrai besoin auquel vous pouvez répondre.	La relation est à point.	Proposez-lui une rencontre.	Demandez-lui, après son achat, de témoigner sur le produit pour qu'il devienne un ambassadeur de votre service.

D'après Laure Sylvestre, Digitale

RESSOURCE 2 EXTRAIT DU CARNET D'ACTIVITÉ DE M. CARL

- RDV M. Sega le 15/10/N
- magasin jouets SARL Marvel changement de nom raison sociale : SARL LINE
- nouvel associé : M. Rani
- dernière visite 15/08/N
- dernière commande : 1 220 € nets
- même commande pour le 12/12/N
- 3 % de remise accordée

Le 16/10/N

- RDV avec Maryse LEBON
- Magasin billes & CO
- Changement d'adresse le 20/11/N au 16 rue de la République
- Dernière visite : le 15/03/N
- Dernière commande : 985 € nets
- Intéressée par la gamme jouets nature made in France.
- Proposition essai mise à disposition de la gamme 1 : jouets premier âge.
- Pas de nouvelles commandes ce mois.
- Prise de RDV : 16/11/N : point sur la gamme jouets nature made in France.

RESSOURCE 3 — FICHIER CLIENTS DE M. AZER

https://eqrco.de/a/HL4z2m

RESSOURCE 4 — SEGMENTER AUTREMENT EN B TO B

La segmentation, c'est découper le marché en sous-ensembles homogènes de clients potentiels. La segmentation se fait selon différents critères : géographiques, socio-économiques (âge, revenus) psychologiques (comportement d'achat).

Question : Vous disposez du chiffre d'affaires, de la taille salariale, du code NAF (Nomenclature d'Activité Française), de la structure juridique, de vos cibles. Mais vos concurrents aussi... De quelles informations faudrait-il disposer pour vous différencier?

Réponse : D'une manière générale, dans le contexte de la vente aux entreprises, on s'intéresse de plus en plus aux composantes intrapersonnelles du décideur. Ainsi, un dirigeant dont la formation initiale est technique - en provenance d'une école d'ingénieur, par exemple - n'aura pas les mêmes réactions face à une action de votre part qu'un ancien élève d'une école de commerce. Toute stratégie, puis action tactique de conquête, tirera donc parti d'une approche plus précise de ce qu'est l'interlocuteur, plutôt que de se contenter de s'intéresser aux données uniquement liées à l'entreprise cliente. De plus, dans certaines activités, cette approche vous offrira l'opportunité d'étudier et de gérer les « paradoxes intrapersonnels » qui désignent, par exemple, la situation typique où un décideur voyage toujours en première classe à titre professionnel et toujours en seconde classe à titre personnel. La SNCF ou Air France en tiennent compte en adaptant leur communication, de manière à ce qu'elle valorise la première classe sans déprécier la seconde…

Question : Comment utiliser au mieux le chiffre d'affaires pour segmenter vos cibles B to B?

Réponse : Le *scoring* RFM ne s'applique pas toujours idéalement en B to B, où les disparités de chiffre d'affaires peuvent être énormes. Une autre technique plus fine, appelée « méthode ABC », peut être utilisée, dérivée de la fameuse loi de Pareto (20 % – 80 %). Elle consiste à répartir vos clients en trois cibles :

- **une tranche A de gros clients :** 10 % de vos clients réalisent à eux seuls 55 % de votre chiffre d'affaires (ou de votre marge brute, en fonction de vos objectifs commerciaux);
- **une tranche B de clients moyens :** 35 % réalisent 35 % de votre chiffre d'affaires;
- **une tranche C de petits clients :** 55 % de vos clients réalisent à eux tous seulement 10 % de votre chiffre d'affaires.

Ces pourcentages sont donnés à titre d'exemple. L'important est de dégager deux tranches A et C aux pourcentages très déséquilibrés, et une tranche B équilibrée. À chaque tranche correspond un type d'actions spécifiques :

- **la tranche A de gros clients :** le maximum est atteint en termes de chiffre d'affaires réalisé grâce à eux, donc le maître mot de vos actions sera fidélisation;
- **la tranche B de clients moyens :** ce segment cache souvent un potentiel à exploiter grâce à une meilleure information sur l'ensemble de votre gamme, par exemple, afin d'augmenter les ventes auprès d'eux;
- **la tranche C de petits clients :** vous ne faites rien de particulier pour eux, afin d'en faire davantage pour les autres! Cette option, qui consiste à diminuer vos budgets de commercialisation et de communication dédiés aux petits clients au profit des moyens et des gros clients, peut constituer un levier commercial formidable.

M. Azer veut uniformiser les pratiques de l'ensemble de la force de vente en utilisant un logiciel GRC.

Il vous demande de regarder une vidéo qui présente un logiciel GRC (Gestion Relation Clients). Il vous demande de l'étudier pour convaincre M. Bennichou de l'utilité d'équiper sa force de vente de ce logiciel.

https://eqrco.de/a/X70oFp

À l'aide de cette **vidéo** et des **ressources 1** à **4** :

1.8 **Expliquer** ce qu'est un logiciel de la gestion relation clients (GRC).

1.9 **Lister** les principaux avantages et inconvénients pour une entreprise d'utiliser un logiciel GRC tel que HAPPI.

1.10 **Créer** un argumentaire pour convaincre M. Bennichou de l'utilité d'intégrer un logiciel GRC.

Activité 2 — SEGMENTER ET ANALYSER LA CLIENTÈLE

Les fichiers des secteurs 1 et 2- zone 2 ont fusionné. M. Azer souhaite étudier sa clientèle professionnelle afin de réfléchir aux différentes actions commerciales. Il vous demande de réfléchir à la segmentation de la clientèle. Il a constaté que vous n'étiez pas au point sur ce sujet. Il vous remet l'extrait d'un échange d'une réunion d'équipe sur le sujet de la segmentation B to B à consulter (**ressource 4/activité 1**).

2.1 **Indiquer** les principaux critères de segmentation en B to B.

2.2 **Expliquer** pourquoi il est important de segmenter la clientèle.

2.3 **Déterminer** les méthodes d'analyse de la clientèle les plus adaptées en B to B.

....

Votre tuteur souhaite vous initier aux différentes méthodes pour qualifier les contacts clients/prospects. Il vous demande d'appliquer la méthode de la loi de Pareto plutôt adaptée en B to B (**Fiche outil**).

À l'aide de la **ressource 3** (**onglet 1** : « Fichier clients Azer fusionné ») :

2.4 **Appliquer** la loi de Pareto afin de qualifier les clients/prospects. Pour cela, **reporter** les chiffres d'affaires et références clients dans les colonnes du tableau **« Fichier client Pareto » onglet 3** et **compléter** les colonnes (1), (2), (3), (4).

2.5 **Expliquer** vos calculs et **commenter** vos résultats.

(1) : ....

....

(2) : ....

....

(3) : ....

....

(4) : ....

....

Commentaires : ....

....

....

M. Azer souhaite que vous utilisiez également la méthode ABC pour qualifier les clients de NEW DISCOUNT.

2.6 **Répartir** selon la méthode ABC les 900 clients du secteur de M. Azer.

Répartition de la clientèle par la méthode ABC

MÉTHODE ABC		
Répartition	Calcul	Nombre de clients
....	....	....
....	....	....
....	....	....

2.7 **Indiquer** quelles sont les actions à mener pour les clients rapportant le plus gros chiffre d'affaires selon les préconisations de la ressource 4.

....

....

....

RESSOURCE 5 — MÉTHODOLOGIE *SCORING* : PARETO/ABC/RFM

Il existe trois méthodes pour classer les clients en fonction de leur chiffre d'affaires.

- **La méthode 20/80 ou Pareto** n'exprime qu'une partie réduite de la clientèle qui représente l'essentiel du chiffre d'affaires (80 % du CA est réalisé par 20 % de la clientèle).

- **La méthode ABC** permet de distinguer trois types de client :

Catégorie	Type de clients	Répartition
A	Gros	10 % des clients se partagent 60 % du CA
B	Moyens	40 % des clients se partagent 30 % du CA
C	Petits	50 % des clients se partagent 10 % du CA

Procédure de calcul :

1. Classer les clients par ordre décroissant en fonction de leur chiffre d'affaires.
2. Convertir en pourcentage le nombre de clients et le chiffre d'affaires.
3. Additionner les pourcentages clients en les cumulant par ordre croissant. Effectuer la même chose pour les pourcentages chiffre d'affaires.
4. Commenter les résultats.

- **La méthode RFM** ne s'applique pas toujours en B to B, la disparité des chiffres d'affaires peut être énorme. Elle consiste à classer les clients non pas en fonction de leur chiffre d'affaires, mais en fonction de la récence, de la fréquence et du montant de leurs achats.

Activité 3 — DÉFINIR LES ACTIONS À MENER AUPRÈS DES CONTACTS

M. Azer souhaite mettre la connaissance de ses clients au service de la fidélité. Il vous demande de consulter l'e-mail que lui a envoyé un ami, M. Briot, directeur marketing digital chez DIGITALÉO.

À partir de la **ressource 6** et de vos compétences :

3.1 **Lister** les différents moyens de qualifier une base de données pour mettre en place des actions commerciales de qualité.

....

....

....

....

3.2 **Choisir** le moyen le plus adapté pour M. Azer. **Justifier** votre réponse.

....

....

M. Azer souhaite s'engager dans des actions de fidélisation.

3.3 **Identifier** les facteurs clés de réussite d'une campagne de fidélisation selon M. Briot. **Justifier** votre réponse.

....

....

....

....

....

3.4 **Indiquer** quels sont les axes stratégiques à adopter avant de se lancer dans une opération de fidélisation.

....

....

....

....

3.5 **Donner** les avantages pour NEW DISCOUNT d'appliquer ces axes stratégiques.

....

....

3.6 **Indiquer**, à partir de l'exemple SARENZA de la ressource 6, quels sont les critères d'une bonne communication écrite pour une action de communication fidélité.

3.7 **Rédiger**, sous word, une communication à destination des meilleurs clients concernant la découverte de la gamme jouets nature, lors du salon privé du jouet prévu le 12 juin, qui se tiendra au Stade de France La Plaine à Saint-Denis. Vous **appuyer** sur l'exemple SARENZA.

RESSOURCE 6 — E-MAIL ENVOYÉ PAR SÉBASTIEN BRIOT, DIRECTEUR MARKETING DIGITAL CHEZ DIGITALÉO

De : sebastien.briot@digitale.fr
À : azer@newdiscount.com
Cc :
Objet : Réponses

Bonjour,

J'espère que tu vas bien ? Je vais répondre aux questions que tu te poses :

Comment récolter plus de données sur vos clients et prospects ?

Il existe de nombreux moyens pour collecter de la donnée de qualité sur vos clients, voici une liste non exhaustive d'exemples :

> proposer des contenus téléchargeables ;
> récolter des données d'usage (comment vos clients utilisent votre produit) ;
> réaliser des enquêtes de satisfaction ;
> faire des jeux-concours ;
> installer un chatbot sur votre site internet ;
> récupérer les informations lors des passages en caisse ;
> créer un programme de fidélité.

Tu veux axer ta stratégie sur un programme de fidélité ?

Il faut que tu axes ton action sur l'engagement confiance.

RESSOURCE 6 *(SUITE)*

Je te propose deux axes stratégiques :

Les 4e

Expérience
Engagement
Exclusivité
Emotion

Les 3r

Reconnaissance
Romance
Récompense

La clé : développer l'engagement et la confiance

Avoir ces mots en tête vous aidera à constamment avoir une vision customer-centric. Ce que nous rappelle également cette liste c'est que **le côté relationnel prendra toujours le pas sur le côté transactionnel** dans la relation clients. Il faut donc le retranscrire dans vos communications. Comment faire ? Quelques exemples :

> Faire des contenus plus institutionnels sur votre entreprise

> Remercier vos clients de leur fidélité

> Partager avec eux des astuces

Cela changera des campagnes seulement centrées sur des offres promotionnelles.

Ces informations que vous récoltez vous permettront de faire la différence auprès de vos clients et de vos concurrents.

Voici également quelques exemples d'offres et de récompenses que vous pouvez mettre en place dans votre programme de fidélité.

Offres basées sur :
> Les **préférences clients**
> Les **centres d'intérêt**
> Les **habitudes d'achat**

Récompenses basées sur :
> Les **dates clés** (anniversaire etc...)
> Le **comportement d'achat**
> La **fréquentation en magasin**

Voici un exemple de communication envoyé pour **l'anniversaire de la rencontre.**

C'est léger, personnalisé, il y a de l'émotion, on ne se sent pas forcé à l'achat même s'il y a une incitation avec un bon de réduction.

En conclusion, nous sommes dans une époque de changements où le consommateur prend la main sur le pilotage de sa relation, c'est lui qui partage ses données, et le rôle des marques est d'en faire des ambassadeurs et de développer leur engagement.

Le futur de la relation est donc une relation client individualisée et pilotée par le consommateur, les enseignes tendant à jouer le rôle d'animateurs de communautés. Plutôt que de parler de collecte de data, c'est le consommateur qui partage lui-même ses données en gérant son profil de fidélité depuis son mobile ou sa tablette. La donnée de qualité est celle qui est volontairement partagée par le consommateur. Ce qui confirme donc l'idée selon laquelle la confiance et l'engagement sont clés pour le futur de la relation client. Cette tendance de fond est aussi encouragée d'ailleurs par la nouvelle loi RGDP sur les données qui est entrée en vigueur le 25 mai 2018.

Bien à toi,
Sébastien

Point d'étape

Je fais le point sur mon degré de maîtrise

New Discount
Votre grossiste n°1 sur la licence

NEW DISCOUNT

Bloc de compétences Bloc 4B Prospecter la clientèle et valoriser l'offre commerciale

Compétence concernée : ....

→ Traiter les **activités** dans l'ordre.

→ Les cocher au fur et à mesure. ☑

Mes activités

❑ **ACTIVITÉ 1 :** Connaître et exploiter les fichiers clients

❑ **ACTIVITÉ 2 :** Segmenter et analyser la clientèle

❑ **ACTIVITÉ 3 :** Définir les actions à mener auprès des contacts

→ Page 121

J'ACCÈDE AU DIAPORAMA

JE TESTE MES CONNAISSANCES

Mon score : ....

Travail à rendre

❑ Le point d'étape

❑ La synthèse

Je dépose cette séquence dans mon e-portfolio

☐ Oui ☐ Non

Je m'auto-évalue

Ce que j'ai réussi :

- ....
- ....

Ce que je dois encore travailler :

- ....
- ....
- ....

Ce que je retiens de la séquence

- Mots clés : ....

....

....

- Idées principales : ....

....

....

13 ORPI

COMPÉTENCE VISÉE

4B.4 Suivre et évaluer l'action de prospection

OBJECTIFS

- Mesurer et analyser les résultats de l'opération de prospection
- Calculer les écarts par rapport aux objectifs
- Déterminer les causes des écarts
- Rendre compte de l'opération de prospection
- Proposer des actions correctives

SAVOIR ASSOCIÉ

- La communication écrite

QUIZ 13 https://eqrco.de/a/16IpAh

DIAPORAMA 13 https://eqrco.de/a/Bqt24D

Identité de l'entreprise

Nom de l'enseigne :
ORPI

Activité :
Location et vente de biens immobiliers

Adresse :
23 Boulevard Louis Blanc
34000 Montpellier

Site :
www.orpi.com

Nom du responsable :
Mme Abdelmalek

Votre situation professionnelle

Vous venez d'intégrer en qualité de conseiller immobilier indépendant le réseau ORPI Immobilier qui propose en ligne et en agence des biens immobiliers à vendre ou à louer dans la région de Montpellier (34).

Votre mission

Vous assistez à une formation « vendeur terrain » animée par votre coach de bassin, Nathan Baron, qui vous demande d'évaluer les performances de vos prospections.

Activité 1 — LES INDICATEURS DE PERFORMANCE DANS LE CYCLE D'UNE VENTE

Nathan souhaite vous montrer l'intérêt et la place de chacun des indicateurs de performance dans le cycle d'une vente.

RESSOURCE 1 — LE SPANCO

Chacune de ces étapes correspond à un ensemble d'actions à prendre. En identifiant clairement les étapes du processus commercial, il vous deviendra possible de visualiser l'état de votre portefeuille de prospects, de sorte qu'à chaque instant, les commerciaux et la direction commerciale puissent comprendre où et comment intervenir pour assurer la conversion d'un prospect en client.

La méthode **SPANCO** offre la visibilité sur chacun des prospects et l'état d'avancement dans les différentes phases du processus de vente. Elle permet d'avoir une vision continue du flux de l'activité commerciale de votre entreprise. Elle permet également de mettre en parallèle les chiffres de ventes avec indicateurs de performance (KPI : *Key Performance Indicator*) et la génération, gestion et conversion de prospects en clients. Les points de difficulté qui peuvent exister au niveau des différentes étapes apparaîtront clairement, vous pourrez ainsi effectuer les actions correctives et améliorer le rendement de votre service commercial.

www.bluenote-systems.com

RESSOURCE 2 — DES RATIOS UTILES

À chaque étape de la vente, de la prospection à sa conclusion, de nouveaux outils permettent de mesurer la performance du commercial et de déterminer ses axes de progression.

Étapes du SPANCO		Formules de calcul
1	Du **suspect** au **prospect**	$\frac{\text{Nombre de contacts réalisés (appels ou formulaires reçus sur votre boîte mail)}}{\text{Nombre de personnes dans le fichier cible}}$
2	Du **prospect** à l'**approche**	$\frac{\text{Nombre de rendez-vous pris et honorés}}{\text{Nombre d'appels de prise de rendez-vous}}$
3	De l'**approche** à la **négociation**	$\frac{\text{Nombre de propositions commerciales réalisées}}{\text{Nombre de rendez-vous obtenus}}$
4	De la **négociation** à la **conclusion**	$\frac{\text{Nombre de nouveaux clients gagnés}}{\text{Nombre de propositions commerciales réalisées}}$

Activité 2 MESURER LES PERFORMANCES ET DÉTERMINER LES ÉCARTS

Votre coach Nathan vous demande maintenant d'utiliser ces ratios pour mesurer vos performances et vous positionner par rapport à celles des vendeurs de votre secteur. Il vous demande également de déterminer les écarts.

À partir des **ressources 3 à 7** et de vos compétences :

2.1 **Calculer** les ratios de prospection du meilleur conseiller, de la moyenne de l'équipe du secteur et de votre propre activité.

Les performances comparées

Type	Ratio*	Formule de calcul	Meilleur conseiller	Moyenne des conseillers	Vous
Prospection téléphonique	Prise de rendez-vous	.... /	0,18	0,16	....
	Efficacité des rendez-vous	Nombre de visites / Nombre de rendez-vous obtenus	....	....	....
Prospection visites terrain	*One shot*	Nombre de ventes à la 1re visite / Nombre de visites	....	....	....
	Rétractation	Nombre de rétractations / Nombre de ventes conclues (avant rétractation)	....	....	....
Négociation	Performance commerciale	Nombre de ventes effectives / Nombre de contacts réalisés	....	....	....
	Concrétisation	Nombre de ventes effectives / Nombre de visites accomplies	....	....	....

** Arrondir à deux chiffres après la virgule.*

2.2 **Calculer** les écarts des ventes réalisées en faisant la différence entre les réalisations et les objectifs.

Tableau de bord d'analyse des écarts

Critères de performance	Objectifs annuels pour figurer en tant que meilleur conseiller	Objectifs annuels de la moyenne de l'équipe	Réalisations annuelles du meilleur conseiller	Réalisations annuelles de la moyenne de l'équipe	Écart sur les résultats du meilleur conseiller	Écart sur les résultats moyens de l'équipe
Contacts réalisés	....	....	....	....	....	....
Rendez-vous obtenus	....	....	....	....	....	....
Visites accomplies	....	....	....	....	....	....
Ventes en 1res visites	....	....	....	....	....	....
Rétractations	....	....	....	....	....	....
Ventes effectives	....	....	....	....	....	....

2.3 **Commenter** vos résultats afin de rendre compte à Mme Abdelmalek.

....

....

....

....

....

....

RESSOURCE 3 — LA DÉCOUVERTE DU MÉTIER

Un conseiller immobilier prospecte aussi bien les vendeurs que les éventuels acheteurs de biens immobiliers dans son secteur, principalement de deux manières : à partir des petites annonces pour les vendeurs et à partir des fiches pour les acheteurs. Les ventes sont rarement conclues en « one shot » c'est-à-dire à la première visite, mais le plus souvent après l'établissement d'expertises, de devis pour les travaux et de plusieurs visites. Après la signature, chacune des parties peut se rétracter selon un délai conforme à la loi et cela jusqu'au passage chez le notaire pour finaliser la transaction.

RESSOURCE 4 — LE MEILLEUR CONSEILLER

Critères de performance	Résultats annuels obtenus*
Contacts réalisés	195
Rendez-vous obtenus	35
Visites accomplies	34
Ventes en 1res visites	4
Rétractations	2
Ventes effectives	19

** Base de 200 fiches prospects.*

RESSOURCE 5 — LA MOYENNE DE L'ÉQUIPE

Critères de performance	Résultats annuels obtenus*
Contacts réalisés	191
Rendez-vous obtenus	31
Visites accomplies	29
Ventes en 1res visites	2
Rétractations	2
Ventes effectives	15

** Base de 200 fiches prospects.*

RESSOURCE 6 — VOS PERFORMANCES

Critères de performance	Résultats annuels obtenus*
Contacts réalisés	45
Rendez-vous obtenus	8
Visites accomplies	7
Ventes en 1res visites	0
Rétractations	2
Ventes effectives	4

** Base de 200 fiches prospects.*

RESSOURCE 7 — OBJECTIFS DE PERFORMANCE DU BASSIN

Critères de performance	Objectifs annuels pour figurer en tant que meilleur conseiller	Objectifs annuels de la moyenne de l'équipe
Contacts réalisés	193	190
Rendez-vous obtenus	36	35
Visites accomplies	32	30
Ventes en 1res visites	3	3
Rétractations	2	3
Ventes effectives	22	17

Activité 3 PROPOSER DES ACTIONS CORRECTIVES

Afin de mieux répondre aux exigences de sa supérieure hiérarchique, Nathan vous demande de faire le nécessaire pour proposer des actions correctives à cette analyse des performances de prospection. Ainsi, Mme Abdelmalek attend vos propositions avec impatience.

3.1 **Déterminer** les principaux points forts et points faibles en termes de prospections, à partir de l'analyse des données précédemment obtenues. Pour cela, complétez le **document ci-après « Votre propre analyse »**.

Votre propre analyse

Ratio étudié	Analyse de vos points forts ou faibles	
Prise de rendez-vous	☺ ☹	....
Efficacité des rendez-vous	☺ ☹	....
Rétractation	☺ ☹	....
Performance commerciale	☺ ☹	....
Concrétisation	☺ ☹	....

3.2 **Proposer** des solutions pour chacun des points à améliorer.

....

....

....

....

....

....

....

....

....

....

....

Point d'étape

Je fais le point sur mon degré de maîtrise

ORPI

Bloc de compétences Bloc 4B Prospecter la clientèle et valoriser l'offre commerciale

Compétence concernée : ....

→ Traiter les **activités** dans l'ordre.

→ Les cocher au fur et à mesure. ☑

Mes activités

- ☐ **ACTIVITÉ 1 :** Identifier les indicateurs de performance
- ☐ **ACTIVITÉ 2 :** Mesurer les performances et déterminer les écarts
- ☐ **ACTIVITÉ 3 :** Proposer des actions correctives

→ Page 133

J'ACCÈDE AU DIAPORAMA

JE TESTE MES CONNAISSANCES

Mon score : ....

Travail à rendre

- ☐ Le point d'étape
- ☐ La synthèse

Je dépose cette séquence dans mon e-portfolio

☐ Oui ☐ Non

Je m'auto-évalue

Ce que j'ai réussi :

- ....
- ....

Ce que je dois encore travailler :

- ....
- ....
- ....

Ce que je retiens de la séquence

- Mots clés : ....
....
....
- Idées principales : ....
....
....

14 LA FRANÇAISE

COMPÉTENCE VISÉE

4B.5 Valoriser les produits et/ou les services

OBJECTIFS

- Faire preuve de créativité avec la réalisation d'un logo
- Distinguer les différents outils du digital permettant de valoriser l'offre
- Maîtriser l'utilisation des réseaux sociaux pour dynamiser l'offre
- Valoriser une offre produit sur un média social
- Valoriser une offre produit grâce à la communication commerciale à distance et en face-à-face

SAVOIRS ASSOCIÉS

- La communication écrite
- La communication à distance
- La communication en face-à-face

QUIZ 14 https://eqrco.de/a/3biWzU

DIAPORAMA 14 https://eqrco.de/a/mcl21c

LAFRANÇAISE

par B. Solfin

Identité de l'entreprise

Nom de l'enseigne :
LA FRANÇAISE

Activité :
La seule marque de vente directe à proposer une collection en maille tricot 100 % fabriquée en France

Adresse :
14, avenue Mocard
85130 Chanverrie

Site : www.vetements-lafrancaise.fr

Nom du responsable :
Mme Kamila Chaouchi

Votre situation professionnelle

Vous êtes actuellement en période d'essai pour le poste de conseiller de vente chez LA FRANÇAISE par B. Solfin. La marque française de B. Solfin, créée en 1930, est spécialisée dans la confection artisanale d'articles textiles 100 % laines. Reprise en 2018 par Ludovic Samson, il a pour but de la redévelopper en ajoutant la vente à domicile, la vente directe par Internet, par téléphone et par correspondance.

Votre mission

C'est sur les terres vendéennes et normandes que sont confectionnés les produits B. Solfin en fibres 100 % naturelles et que la société perpétue les traditions de la confection française. Quatre générations de savoir-faire et de qualité irréprochable qui font de B. Solfin le spécialiste français de la maille. Ayant bâti la notoriété de son e-shop grâce aux réseaux sociaux et plus particulièrement sur Facebook, vous allez découvrir durant cette période d'essai comment valoriser l'offre sur les réseaux sociaux ainsi que sur un site marchand.

Activité 1 — VALORISER L'OFFRE COMMERCIALE À TRAVERS LE LOGO

Votre responsable, Mme Kamila Chaouchi, vous demande de l'aider à mettre en valeur l'offre produit afin d'améliorer sa visibilité sur les sites internet et sur les réseaux sociaux. Elle pense que le logo de l'entreprise n'est pas très attirant et elle souhaite lui apporter des modifications. Mais aussi, elle compte développer ses ventes par correspondance et à domicile.

À partir de la **ressource 1** et de vos compétences :

1.1 **Proposer** un croquis du logo qui vous semble le plus approprié.

Croquis du nouveau logo

1.2 **Faire** des recherches et **proposer** un site internet vous permettant de réaliser des logos.

....

....

....

1.3 **Indiquer** s'il est judicieux de conserver les couleurs actuelles du logo ? Pourquoi ?

....

....

....

RESSOURCE 1 — 6 CRITÈRES IMPORTANTS POUR UN LOGO RÉUSSI

1. Reconnaissable

Le logo que vous allez concevoir sera l'identité de l'entreprise. Il doit donc être reconnaissable au premier coup d'œil. Cela est encore plus vrai pour des entreprises qui auront besoin d'un logo visible de loin et rapidement, amené par exemple à être présent sur l'espace public.

À l'heure où notre œil est sollicité des milliers de fois par jour par des messages visuels, la quantité d'informations retenue est infime.

Un logo réussi doit rester dans la mémoire, même s'il n'a été aperçu que quelques secondes. Qu'il soit figuratif, typographique ou abstrait, faites attention à ne pas trop vous inspirer de ce qui a déjà été fait, au risque de se retrouver à la limite du plagiat.

2. Déclinable

Un logo sera amené à figurer sur tous les supports de communication de l'entreprise, écran ou papier, de la plus petite facture jusqu'à la grande affiche. C'est pour cette raison qu'il est indispensable qu'il soit déclinable, non seulement en taille mais également en couleur. Il doit pouvoir garder toute sa force même réduite aux dimensions d'un timbre.

Si le lecteur a besoin d'une loupe pour pouvoir distinguer le détail qui donne tout son sens au logo, alors il faut reprendre le design pour le rendre plus clair.

3. Durable

Ne vous fiez pas aux modes ! Il est bien sûr assez difficile de réaliser un logo qui soit réellement intemporel, cependant s'il a été pensé pour durer dans le temps, alors vous vous épargnerez la peine de devoir le retravailler dans 1 ou 2 ans.

De plus, dans le cas où un petit coup de jeune serait envisagé (après bien sûr plusieurs années de bons et loyaux services), il sera bien plus facile de faire accepter aux clients de la marque quelques petites modifications plutôt qu'un changement radical de visuel.

4. Simple

Pensez simple. Inutile de commencer un travail en cherchant la complexité dès les premières ébauches.

Demandez-vous ce que vous évoquent l'entreprise et son domaine d'activité, tant en termes de visuels que de champs lexicaux.

N'hésitez pas à laisser libre cours à votre pensée en couchant sur papier certains termes ou formes qui vous semblent représentatives. Notez qu'il est bien plus facile d'ajouter une foule d'éléments à un logo que de travailler une forme simple pour en faire un élément qui ait du sens.

C'est cette simplicité réfléchie qui fera que le logo sera percutant. Il sera aussi beaucoup plus facile à retenir dans l'esprit des gens.

5. Lisible

Dans le cas par exemple d'un logo incluant des lettres, il est courant de jouer avec les formes et contre-formes typographiques pour leur donner un aspect figuratif. Cependant, si le figuratif prend totalement le pas sur la typographie, le logo perdra de son sens. Il est aussi toujours utile de montrer le logo à d'autres personnes, pour vérifier sa lisibilité et sa bonne compréhension de la part d'un public extérieur.

6. En accord avec les codes graphiques du secteur

Un logo étant avant tout un symbole, il est primordial de bien veiller à ce qu'il soit cohérent par rapport au secteur d'activité de l'entreprise.

Prenez le temps de vous renseigner sur la signification et connotation des couleurs (qui peut d'ailleurs évoluer dans le temps mais en général, c'est un processus assez lent).

Activité 2 — VALORISER L'OFFRE COMMERCIALE GRÂCE AU DIGITAL

En faisant une étude des méthodes de mises en valeur de l'offre des concurrents, Mme Chaouchi constate que LA FRANÇAISE ne répond pas aux tendances actuelles. En effet, le digital prend une place importante.

À partir de la **ressource 2** et de vos compétences :

2.1 **Expliquer** l'impact du digital dans le domaine de la vente.

....

....

2.2 **Indiquer** quels sont les nouveaux outils utilisés par les entreprises en matière de digital.

....

....

LA FRANÇAISE ne semble pas très au point en matière de digital.

2.3 Apporter à Madame Chaouchi les conseils qui lui permettront d'être plus performante dans sa stratégie digitale.

....

....

RESSOURCE 2 LE DIGITAL ET LE COMMERCE

On le sait, le digital prend une place de plus en plus importante dans le commerce ; il devient même un incontournable. Le client est aujourd'hui « autonome », il se renseigne lui-même sur le produit et le service et pour cela, il passe par Internet. Du petit commerce au plus grand distributeur, tous ont déjà un pied dedans. Site internet, réseaux sociaux et blog, tout passe par ces outils de communication et d'échange. Ils permettent de vendre, de se faire connaître, de prospecter (*social selling*), de faire de la veille concurrentielle, de valoriser l'offre et bien d'autres choses encore.

La vente a pris un autre tournant et, grâce à tous ces outils, le client peut comparer plus facilement et acheter sans avoir à se déplacer. La digitalisation est devenue un incontournable du commerce au risque de voir son chiffre d'affaires en berne.

Le client à de nouvelles exigences et ses attentes en termes de vente à distance sont bien précises. Cependant, pour une grande partie des clients, le contact humain reste indispensable. Il est donc primordial de le maintenir et de savoir combiner les deux. L'un ne peut plus exister sans l'autre. Il est donc important de trouver un juste équilibre.

Activité 3 VALORISER L'OFFRE À TRAVERS UN RÉSEAU SOCIAL

Mme Chaouchi souhaite vous sensibiliser aux différents réseaux sociaux et à leur utilisation pour valoriser ses produits. Actuellement, LA FRANÇAISE n'est présente que sur le réseau social Facebook et ne touche que très peu d'abonnés. Elle voudrait être visible sur d'autres réseaux sociaux.
Elle met à votre disposition une capture de sa page Facebook et un document récapitulant l'importance de l'utilisation des réseaux sociaux.

À partir des **ressources 3** et **4** :

3.1 **Retrouver** le nombre d'abonnés à la page Facebook de LA FRANÇAISE.

....

....

3.2 Donner votre avis sur cette capture de page Facebook.

....

....

3.3 **Indiquer** pourquoi il est important aujourd'hui d'utiliser les réseaux sociaux.

....

....

3.4 **Faire** des recherches sur les différents réseaux sociaux et **proposer** un média social adapté aux besoins de l'entreprise pour valoriser son offre.

Les caractéristiques des différents réseaux sociaux

Réseaux Sociaux	Caractéristiques
FACEBOOK	....
INSTAGRAM	....
TWITTER	....
SNAPCHAT	....
Média social adapté aux besoins de l'entreprise	
....	

3.5 **Expliquer** ce qu'est l'e-réputation.

....

Suite à votre choix, Mme Chaouchi veut vous initier à l'utilisation de ce média social. Pour cela, elle met à votre disposition une tablette et vous invite à créer le média social de l'enseigne LA FRANÇAISE.

3.6 Vous **connecter** sur le média social que vous avez choisi et **créer** le nouveau réseau social de LA FRANÇAISE.

RESSOURCE 3 — CAPTURE D'ÉCRAN DE LA PAGE FACEBOOK LA FRANÇAISE

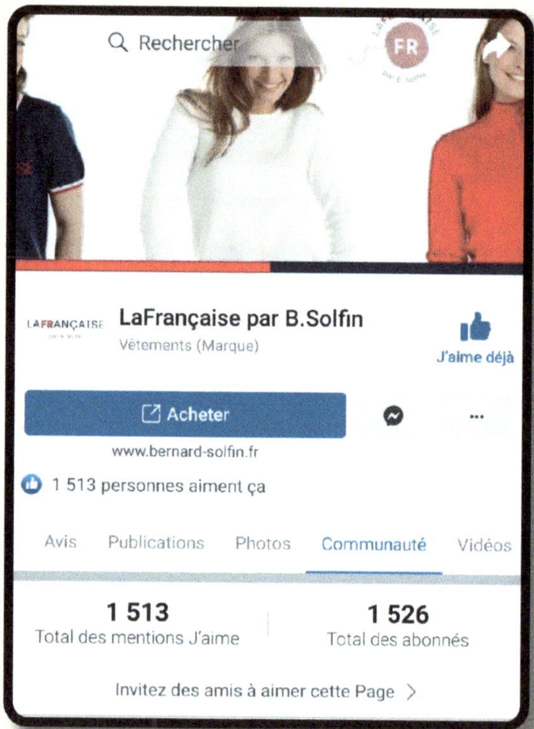

© La Française/Facebook

RESSOURCE 4 — LES RÉSEAUX SOCIAUX

Les médias sociaux principaux : **Facebook, Twitter, LinkedIn, YouTube** et **Instagram**.

Pourquoi utiliser les médias sociaux ? À quoi servent ces médias sociaux ?

Je ne compte plus le nombre de fois où l'on me pose cette question quand je commence une formation sur les médias sociaux.

La question, aujourd'hui, ne devrait plus être « À quoi servent les médias sociaux ? » mais plutôt « Comment bien utiliser les médias sociaux ? ».

Les médias sociaux sont incontournables. Une stratégie marketing qui n'intègre pas les médias sociaux de nos jours n'est clairement pas optimale.

Voici 7 raisons pour lesquelles vous devez intégrer les médias sociaux à votre stratégie de communication :

- les médias sociaux permettent d'augmenter votre visibilité et votre notoriété ;
- les médias sociaux permettent d'améliorer votre référencement : plus un site à de liens pointant vers ses pages et mieux celui-ci sera référencé. Les réseaux sociaux représentent donc l'opportunité de diffuser et faire diffuser des liens vers les pages de votre site web et d'optimiser ainsi leur positionnement dans les moteurs de recherche ;
- les médias sociaux permettent d'acquérir plus de trafic ;
- les médias sociaux permettent de trouver de nouveaux clients et partenaires ;
- les médias sociaux permettent de gérer la relation clients en temps réel ;
- les médias sociaux permettent de gérer votre **e-réputation** ;
- les médias sociaux permettent de réaliser une veille constante de votre marché en temps réel.

Activité 4 COMMUNIQUER À DISTANCE ET EN FACE-À-FACE

Satisfaite de l'ensemble des tâches que vous avez réalisées, Mme Chaouchi vous sollicite maintenant pour préparer une vente à domicile et par correspondance. Ces modes de vente font partie intégrante de l'activité de l'entreprise et demandent une préparation en amont.

À partir de la **ressource 5** et de vos compétences :

4.1 **Préparer** une vente par réunion en complétant ci-dessous la **« Fiche de préparation à la vente »**.

Fiche de préparation à la vente

Produits	Éléments d'argumentation
 **Pull col cheminée** Article fabriqué en Normandie **105,00 €** TTC Reference 6939 Pull LILLE. Pull col cheminée femme 100% laine fine mérinos. Tricoté en Normandie. Manches longues, côtes richelieu 5/1. Disponible en 5 coloris : bleu marine, blanc, rouge, gris perle et noir. Taille 36/38 40/42 44/46 Couleur Guide des tailles AJOUTER AU PANIER Livraison 48 / 72h Paiement sécurisé Garantie satisfait ou remboursé Partagez la fiche produit :	
 **Pull oversize** Article fabriqué en Normandie **130,00 €** TTC Reference 6943 Pull AVIGNON. Pull manches longues femme 100% en laine fine mérinos, confectionné dans notre atelier à Villers Bocage. Encolure arrondie, maille perlée avec motif géométrique sur les manches. Taille 36 38 40 42 44 Couleur Guide des tailles AJOUTER AU PANIER Livraison 48 / 72h Paiement sécurisé Garantie satisfait ou remboursé Partagez la fiche produit :	

RESSOURCE 5 — E-MAIL DE Mme CHAOUCHI

Message | Options

Envoyer | Coller | Calibri | 16 | G | I | S | abe | Joindre un fichier | Images

De :

À :

Cc :

Objet :

Bonjour,

Comme convenu, je vous ai programmé une vente par réunion. Celle-ci se tiendra lundi prochain de 10h30 à 12h30 à l'adresse suivante :

15 rue des Lilas
75010 PARIS

Je vous invite à visionner la vidéo ci-dessous afin de vous faire une idée sur le déroulement de ces réunions.

https://eqrco.de/a/q5V44M

Veuillez ensuite remplir le fichier de préparation à votre argumentaire de vente. Pour cette première réunion, vous n'aurez que 2 produits à présenter à vos clientes.

Bon courage.
Mme Chaouchi

À partir des **ressources 6** et **7** et de vos compétences :

4.2 **Contacter** une cliente fidèle, Mme Clerman, afin de lui faire une offre produit au téléphone. **Préparer** votre argumentaire téléphonique en utilisant la méthode CROC ; **penser** à lui faire part de la promotion.

RESSOURCE 6 — ÉMISSION D'UN APPEL PAR LA MÉTHODE CROC

ÉMISSION D'UN APPEL

MÉTHODE CROC :

Contact : se présenter, nom de l'entreprise, demander l'interlocuteur désiré.

Raison : exposer l'objet de l'appel.

Objectif : développer ses idées pour arriver au résultat approprié.

Conclusion : récapituler, remercier et prendre congé.

Certains utilisent le moyen mnémotechnique PPDP :

- **Présentation**
- **Pourquoi**
- **Demande**
- **Prise de congé**

La finalité est identique à la méthode CROC.

RESSOURCE 7 — PRODUIT À PROPOSER

© La Française

Cardigan en cachemire

Article fabriqué en Normandie

229,00 € TTC

Reference 5747

Cardigan NICE. Cardigan femme, fabrication française. Emmanchures diminuées. Bord côte aux manches et à la base. Encolure arrondie. Ce cardigan pur cachemire d'une chaleur incroyablement douce et exquise vous accompagnera toute l'année ! Long. 64 cm env. (T. 42) Offrez-vous la douceur et la chaleur de cette fibre précieuse et naturelle.

Taille 36 38 40 42 44

Couleur

Guide des tailles

1 AJOUTER AU PANIER

Livraison 48 / 72h

Paiement sécurisé

Garantie satisfait ou remboursé

Partagez la fiche produit :

Point d'étape

LA FRANÇAISE

LA FRANÇAISE

Je fais le point sur mon degré de maîtrise

Bloc de compétences Bloc 4B Prospecter la clientèle et valoriser l'offre commerciale

Compétence concernée : ....

→ Traiter les **activités** dans l'ordre.

→ Les cocher au fur et à mesure. ☑

Mes activités

- ☐ **ACTIVITÉ 1 :** Valoriser l'offre commerciale à travers le logo
- ☐ **ACTIVITÉ 2 :** Valoriser l'offre commerciale grâce au digital
- ☐ **ACTIVITÉ 3 :** Valoriser l'offre à travers un réseau social
- ☐ **ACTIVITÉ 4 :** Communiquer à distance et en face à face

→ Page 141

J'ACCÈDE AU DIAPORAMA

JE TESTE MES CONNAISSANCES

Mon score : ....

Travail à rendre

- ☐ Le point d'étape
- ☐ La synthèse

Je dépose cette séquence dans mon e-portfolio

☐ Oui ☐ Non

Je m'auto-évalue

Ce que j'ai réussi :

- ....
- ....

Ce que je dois encore travailler :

- ....
- ....
- ....

Ce que je retiens de la séquence

- Mots clés : ....

....

....

- Idées principales : ....

....

....

15 LVMH

COMPÉTENCE VISÉE

4B.5 Valoriser les produits et/ou les services

OBJECTIFS

- Prendre connaissance du concept de magasin éphémère
- Participer à la mise en place d'un magasin éphémère
- Maîtriser l'utilisation des réseaux sociaux pour dynamiser l'offre
- Valoriser une offre produit sur un média social

SAVOIRS ASSOCIÉS

- La communication écrite
- La communication orale
- Prise d'initiative

QUIZ 15
https://eqrco.de/a/yeE9Zv

DIAPORAMA 15
https://eqrco.de/a/TypjLm

LVMH

FENTY

Votre situation professionnelle

Vous venez d'intégrer le service marketing de l'entreprise LVMH, groupe français de luxe regroupant de nombreuses entreprises. Il se positionne aujourd'hui comme étant le chef de file international de l'industrie de luxe en matière de chiffre d'affaires. Le groupe dispose d'un portefeuille de plus de 70 marques.

LVMH et Robyn Rihanna FENTY se sont associés pour créer une nouvelle maison de luxe. La nouvelle maison, nommée FENTY, dont le siège est à Paris, est développée par Rihanna. La marque incarne sa vision de la mode, tant sur ses créations de prêt-à-porter, souliers et accessoires, que sur ses choix en termes de distribution et communication. Le lancement officiel de la Maison FENTY a eu lieu au printemps 2019.

Identité de l'entreprise

Nom de l'enseigne :
LVMH

Activité :
Assurer le développement à long terme de chacune de ses Maisons

Adresse :
22 avenue Montaigne
75008 PARIS

Site : www.lvmh.fr

Nom du responsable :
M. Valette

Votre mission

Votre directeur marketing, M. Valette, vous présente le nouveau projet en collaboration avec la marque de vêtements de luxe FENTY. Il souhaite solliciter votre aide pour la mise en œuvre du magasin éphémère de la marque qui va se tenir en mai, au 10 rue de Turenne à PARIS (3e).

Activité 1 LE MAGASIN ÉPHÉMÈRE

À partir de la ressource 1 et 2 et de vos compétences :

1.1 **Rechercher** la signification de l'acronyme LVMH.

....

....

1.2 **Faire** un résumé en deux lignes sur la signification du pop-up store et son utilité.

....

....

1.3 **Trouver** la signification française du terme « brand awareness ».

....

1.4 **Indiquer** pourquoi la marque FENTY à l'intention d'ouvrir un pop-up store.

....

1.5 **Lister** au moins 4 avantages de la mise en place d'un magasin éphémère pour le commerçant.

....

....

....

....

1.6 **Indiquer** le message que la créatrice de la marque FENTY veut faire passer.

....

....

1.7 **Préciser** la clientèle cible visée.

....

....

....

....

....

RESSOURCE 1 — QU'EST-CE QU'UN POP-UP STORE ?

Que vous entendiez parler de « boutique éphémère », « espace éphémère » ou de « pop-up store », il s'agit strictement de la même chose. Le pop-up store s'est emparé du monde entier et s'est affirmé sur le marché de l'immobilier comme une grande tendance, vouée à le demeurer.

Qu'est-ce donc que ce nouveau format qui repense totalement le monde du *retail*? Lancés dans les années 1990 dans les grandes villes comme Tokyo, Londres, Los Angeles et New York, les pop-up stores sont des espaces éphémères commerciaux, ayant pour but de vendre de la marchandise, puis de disparaître.

Le type de produit commercialisé ne connaît pas de frontières : mode, technologie, nourriture, beauté, etc. Les marques s'expriment sur tous les sujets, laissant libre cours à leur créativité. Le pop-up store propose une expérience extrêmement engageante pour le consommateur, ce qui lui donne de la valeur.

Les spécificités du pop-up store

- **Durée :** 1 jour, 1 mois, 1 an.
- **Localisation :** zones à fort trafic ou à fort potentiel comme les centres-villes, les centres commerciaux, les rues commerçantes.
- **Prix :** bien moins élevé qu'un bail traditionnel, payé en intégralité avant entrée dans les lieux.
- **Utilité :** vendre des produits, renforcer une présence pendant les temps forts de l'année, lancement de nouvelles lignes, brand awareness, tester une idée ou un marché, surfer sur la tendance.

Quels sont les bénéfices du pop-up store ?

- **Renforcer le lien avec le consommateur :** le format du pop-up store permet d'aller à la rencontre de ses clients et de tisser des liens plus forts.
- **Vendre davantage :** environ 95 % des achats sont toujours effectués en boutique. C'est donc l'opportunité de créer une vraie stratégie *retail* !
- **Se faire connaître :** les consommateurs et les médias adorent parler des pop-up stores ! Contribuez à votre propre rayonnement.
- **Le prix :** lancer un pop-up store est 80 % moins cher qu'un bail traditionnel.
- **Tester de nouveaux marchés :** facilement et rapidement, testez-vous à tous les niveaux !

RESSOURCE 2 — LA CRÉATRICE DE FENTY

« Les femmes sont les forces de notre monde. Nous sommes multifacettes, complexes, à la fois vulnérables et invincibles. FENTY adresse toutes ces subtilités. Certains jours, je veux lâcher prise, souvent je prends tout en main, et la plupart du temps je me sens les deux à la fois. C'est pourquoi il était essentiel pour moi de créer une marque suffisamment versatile pour inclure et sublimer tous nos tempéraments. »

Robyn Rihanna FENTY

Activité 2 — METTRE EN PLACE UN MAGASIN ÉPHÉMÈRE FENTY

M. Valette vous demande de préparer le pop-up store. Il met à votre disposition des photos des pop-up stores qui ont eu lieu à New York et Londres.

À partir des **ressources 3** et **4** et de vos compétences :

2.1 **Relever** les différents mobiliers et les décorations dont vous aurez besoin. M. Valette souhaite garder le même esprit pour le pop-up store de Paris.

....

....

....

2.2 **Transmettre** à M. Valette un listing des éléments relevés, sous forme de note, en indiquant ce qu'il faudrait acheter sur la **« Note pour M. Valette »** ci-dessous.

Note pour M. Valette

Nom de l'entreprise	
Service émetteur :	Destinataire : ....
NOTE DE SERVICE N°	
Objet :	
Texte	
	Date de diffusion : .... Fonction et nom du signataire : .... Signature :

RESSOURCE 3 — PHOTOS DES POP-UP STORES QUI ONT EU LIEU À NEW YORK ET LONDRES

© Fenty

© Fenty

© Fenty

RESSOURCE 4 — COMMENT RÉDIGER UNE NOTE

La note est un document écrit interne à l'entreprise. Elle est le plus souvent descendante. On distingue deux types de notes :

- la note d'information, qui transmet des informations sur la vie de l'entreprise ;
- la note d'instruction, qui donne des consignes et est suivie d'exécution.

1. Comment rédiger une note de service ?

Une note de service :

- ne doit traiter que d'un seul sujet ;
- ne comporte ni titre de civilité ni formule de politesse ;
- sa date d'application doit être précise ;
- elle doit être :
  - **concise** : une note est brève (en général, elle est présentée sur une seule page),
  - **claire** : le lecteur ne doit avoir aucune hésitation quant à l'interprétation du texte,
  - **précise** : tous les détails nécessaires doivent être fournis,
  - **courtoise** : le style doit être neutre, sous une forme impersonnelle, de façon à atténuer la forme impérative de la note de service,
  - **impérative, mais non autoritaire** : le style doit être ferme pour donner l'ordre, pour inciter à l'action, mais il doit rester respectueux du destinataire. Des remerciements sont inutiles quand le travail demandé entre dans les attributions normales du salarié.

→

RESSOURCE 4 (SUITE)

2. Comment présenter une note de service ?

Une note de service comporte des mentions obligatoires :

- un en-tête simplifié (le nom de l'entreprise) ;
- le service émetteur ;
- un numéro ou une référence ;
- un ou des destinataires ;
- un objet ;
- la date d'émission ;
- la fonction et le nom du signataire ;
- la signature.

La disposition de la note de service est libre, cependant, on peut utiliser une présentation spécifique qui évite les omissions et facilite la rédaction, la présentation et la lecture.

Vous allez devoir avertir les parisiens de l'arrivée de la star de la marque FENTY, Rihanna, pour l'inauguration du pop-up store.

2.3 **Réaliser** une affiche qui annonce l'événement. Cette affiche sera collée sur les encarts publicitaires dans les métros et les arrêts de bus (à réaliser à l'aide de l'outil numérique).

Activité 3 SÉLECTIONNER UN LIEU POUR UN ÉVÉNEMENT

Suite à l'inauguration du pop-up store, M. Valette vous demande de vous pencher sur le prochain événement. En effet, pour accroître la nouvelle marque FENTY et valoriser son offre produit, LVMH hésite à réaliser un showroom ou à assister au salon de la mode du luxe qui se tiendra à Paris en juillet N.

À partir des **ressources 5** à **7** et de vos compétences :

3.1 **Expliquer** l'intérêt pour la marque FENTY d'être présente au salon du luxe.

3.2 **Expliquer** en quoi consiste un salon professionnel.

3.3 **Citer** 2 avantages de participer à un salon pour la valorisation de l'offre produit de la marque FENTY.

3.4 **Retrouver** les caractéristiques d'un showroom.

....

....

....

3.5 **Proposer** votre choix entre le salon et le showroom.

....

....

3.6 **Présenter** et **justifier** votre choix dans l'e-mail que vous transmettrez à votre directeur.

E-mail pour M. Valette

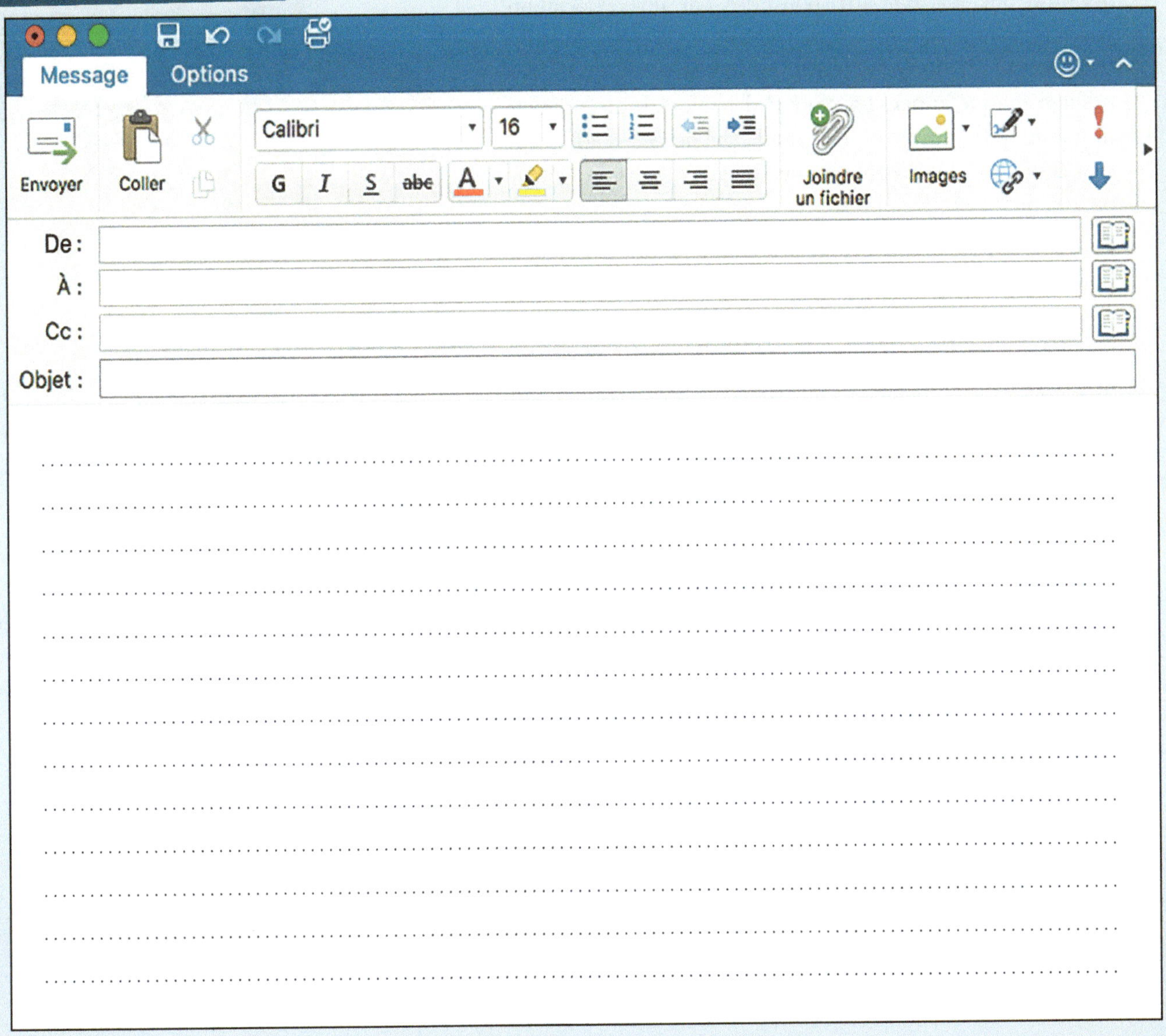

RESSOURCE 5 — LE SALON DU LUXE

SALON DU LUXE®
PARIS

Plus grande rencontre professionnelle dédiée exclusivement au luxe, le Salon du Luxe ne dure qu'une intense journée !

Si le luxe est souvent affaire d'héritage et d'histoires passées, cet événement B2B est consacré à l'avenir. À travers des conférences et des expositions, le Salon du Luxe fait intervenir des personnalités du secteur autour de thématiques permettant de réfléchir à son évolution. En tant que source unique d'informations et de networking, cette journée est très prisée par les professionnels du secteur.

➲ **Salon du Luxe, le 9 juillet N, salle Wagram à Paris.**

RESSOURCE 6 — QU'EST-CE QU'UN SALON PROFESSIONNEL ?

Un salon professionnel est un événement, généralement organisé une fois par an, sponsorisé par une association commerciale pour un secteur spécifique. Presque tous les secteurs ont une forme de foire commerciale et il y en a des milliers chaque année. La plupart des salons professionnels ne sont pas ouverts au grand public et s'adressent spécifiquement aux représentants des entreprises du secteur ou aux membres de la presse.

Les salons professionnels sont depuis longtemps un excellent moyen de trouver de nouveaux clients et de développer votre entreprise. Les décideurs assistent souvent à des foires commerciales et pourtant, la plupart des personnes interrogées ont déclaré qu'elles n'avaient jamais été sollicitées par un vendeur avant d'assister à une foire commerciale. De plus, les salons professionnels peuvent être un moyen économique de générer de nouveaux clients et de nouvelles ventes.

Les salons commerciaux restent également incroyablement populaires, avec des milliers de visiteurs à travers le monde chaque année. Une partie du tirage au sort concerne les lieux, avec de grandes foires commerciales généralement dans des centres de vacances tels que Las Vegas et Orlando.

En bref, un salon professionnel est un excellent moyen d'obtenir une plus grande reconnaissance au sein d'un secteur et un moyen rentable d'attirer de nouveaux clients. Essayez de vous concentrer sur les salons professionnels qui correspondent étroitement à votre propre entreprise et à ceux qui ont un grand nombre d'exposants populaires pour obtenir les meilleurs résultats.

RESSOURCE 7 — QU'EST-CE QU'UN SHOWROOM ?

Qu'est-ce que le showroom ?

En marketing, le showroom est l'espace destiné à la présentation d'un fabricant souhaitant promouvoir ses produits. Si à l'origine il s'est focalisé autour de l'univers de la mode, au fil du temps, il s'est ouvert à d'autres secteurs, tels que les bijoux, la décoration d'intérieure ou encore l'industrie de l'automobile. Pouvant être permanent ou temporaire, le showroom s'adresse aux professionnels ainsi qu'au public.

À quoi sert le showroom ?

Le showroom a pour rôle principal de faire découvrir les produits proposés par un fabricant ou une entreprise au public.

En d'autres termes, c'est un espace à but commercial permettant d'exposer un produit de manière à le présenter aux clients, mais aussi aux journalistes et aux prospects. Dans cette mesure, l'exposant peut faire tester sa création aux visiteurs en leur expliquant tous les détails sur sa conception, ses caractéristiques et si besoin, montrer son fonctionnement.

Son emplacement

Grâce au showroom, une société peut vendre ses produits sans avoir besoin de boutique. Effectivement, le showroom est le plus souvent placé dans des manifestations commerciales telles qu'un salon. Pour cela, l'exposant fait en sorte de créer un espace accueillant et bien agencé de manière à pouvoir mettre en avant les produits qu'il souhaite mettre en vente. Ainsi, les acheteurs peuvent trouver, essayer et acheter les articles de leurs choix, tout en profitant des mêmes services que l'on peut proposer dans une boutique. En outre, le showroom peut également se présenter sous forme de boutique éphémère ou temporaire dans le cadre d'un déstockage ou de la promotion d'un nouveau produit.

Point d'étape

Je fais le point sur mon degré de maîtrise

LVMH

LVMH

Bloc de compétences Bloc 4B Prospecter la clientèle et valoriser l'offre commerciale

Compétence concernée : ....

→ Traiter les **activités** dans l'ordre.

→ Les cocher au fur et à mesure. ☑

Mes activités

- ❑ **ACTIVITÉ 1 :** Caractériser le magasin éphémère
- ❑ **ACTIVITÉ 2 :** Mettre en place un magasin éphémère FENTY
- ❑ **ACTIVITÉ 3 :** Sélectionner un lieu pour un évènement

→ Page 151

J'ACCÈDE AU DIAPORAMA

JE TESTE MES CONNAISSANCES

Mon score : ....

Travail à rendre

- ❑ Le point d'étape
- ❑ La synthèse

Je dépose cette séquence dans mon e-portfolio

❑ Oui ❑ Non

Je m'auto-évalue

Ce que j'ai réussi :

- ....
- ....

Ce que je dois encore travailler :

- ....
- ....
- ....

Ce que je retiens de la séquence

- Mots clés : ....

....

....

- Idées principales : ....

....

....

Imprimé en France par
CPI Bussière
en mars 2023
N° d'impression : 2070546
Dépôt légal : mars 2023